学霸驾到 1

决胜未来的学习力

少年商学院 / 著

浙江教育出版社 · 杭州

图书在版编目（CIP）数据

学霸驾到：决胜未来的学习力/少年商学院著.—杭州：浙江教育出版社，2022.10（2023.1重印）
ISBN 978-7-5722-4336-3

Ⅰ.①学… Ⅱ.①少… Ⅲ.①中小学生—学习方法 Ⅳ.① G632.46

中国版本图书馆 CIP 数据核字（2022）第 157492 号

责任编辑	赵露丹	美术编辑	韩 波
责任校对	马立改	责任印务	时小娟
产品经理	王 沛	特约编辑	郑晓娟 朱 莹 张雪帆 付向佩

学霸驾到：决胜未来的学习力
XUEBA JIADAO: JUESHENG WEILAI DE XUEXILI

少年商学院 著

出版发行	浙江教育出版社
	（杭州市天目山路40号 电话：0571-85170300-80928）
印　　刷	三河市嘉科万达彩色印刷有限公司
开　　本	880mm×1230mm 1/32
成品尺寸	145mm×210mm
印　　张	16.375
字　　数	270000
版　　次	2022年10月第1版
印　　次	2023年1月第2次印刷
标准书号	ISBN 978-7-5722-4336-3
定　　价	119.40元（全3册）

如发现印装质量问题，影响阅读，请与本社市场营销部联系调换。
电话：0571-88909719

每个孩子都可以成为新式学霸

张华

逆 袭

"我小学四年级前学习不好,但现在学习成绩非常好。"一个14岁的男孩对我说。

这是他在和妈妈参加我的一场直播时说的。那场直播有来自全国各地的几千个家庭参加。我抛出一些问题,大家在直播间互动。我随机选择了几十个孩子连麦,最小的孩子有五六岁,大一点的十四五岁。

男孩的这句话引发了大家巨大的好奇:"你是怎么逆袭的呢?"

"《原则》的作者瑞·达利欧说成功的流程是'目标—问题—诊断—方案—践行',我就是这样做的。我先设立

一个目标,然后针对自己在学习中遇到的问题,做自我诊断,妈妈也帮我分析,最后形成改进方案。然后,我去践行。就这样,学习成绩慢慢就提上来了。"

直播间瞬间炸开了锅:"孩子真优秀!""妈妈好给力!"

在这位同学简短的一段话里,其实有三个非常重要的信息:

1. 目标非常重要;

2. 好的方法让学习事半功倍;

3. 妈妈是"教练式父母"。

四年级的分化

从10岁(小学四年级左右)开始,孩子会进入学习分化期,但分化的趋势未必是"强者越强,弱者恒弱"。有的孩子四年级以前成绩一直很好,但之后开始下滑,而上面连麦的那位同学却实现了逆袭。

四年级前的学科知识,相对来说比较简单,孩子通过记忆、练习,基本都能掌握。但是四年级后的学科知识,对孩子的分析能力、思辨能力、逻辑思维能力甚至创造力

等都提出了一定的要求。遗憾的是，无论是四年级前成绩为中下水平的学生，还是成绩"突然"开始滑坡的学生，尽管他们上四年级后可能都在非常努力地学习，常常废寝忘食，但效果并不理想。孩子很累，家长也很焦虑。

为什么？因为孩子运用的依然是四年级前的老方法，更因为他是在"头痛医头，脚痛医脚"，没有从"根目录"上认识并梳理如何做才有可能实现学习跃迁。

这个"根目录"的三要素，正是上面所说的那个男孩提到的三个信息——目标、好方法和教练式父母。

目标：很多孩子的目标是考名校。斯坦福大学青少年研究中心主任威廉·戴蒙说，真正的目标要满足三点：对自己有意义，对社会有价值，在相当长的一段时间内可衡量。所以，考上清华大学、北京大学，或哈佛大学、斯坦福大学，并不是真正的目标。成为什么样的人，自己喜欢，同时又利他，才是目标。名校最多只能算是你实现目标途中的一个驿站。

如果不能意识到这一点，那么长期将考名校作为目标，有可能给孩子造成巨大的心理压力，甚至引发心理疾病。所以，引导孩子找到真正的目标，朝那个方向努力，每天

进步一点点,比总是盯着名校更重要。学习和成长本应是一场旅行,而不是一场竞赛。

好方法:学习有三重境界:一是学会记忆,二是学会思考,三是学会创造。很多同学为了追求短、平、快的效果,号称掌握了各种学习技巧,最后却还是在第一重境界里打转。

其实,如果想进入世界名校学习,学习方法是必不可少的,而我们这套书的内核就是名校的学习方法。

教练式父母:父母最好的角色,是做孩子的成长教练。教练要激发孩子的好奇心和自驱力,并学会站在孩子的角度看问题,能够启发式提问,让孩子学会独立思考、独立选择、独立生活、独立规划。但在现实生活中,很多家长要么一味地斥责孩子,要么就是包办孩子的一切,导致孩子很难进步和实现逆袭。

学习的科学

现在呈现在你眼前的这套书《学霸驾到:决胜未来的学习力》是讲述学习方法的。孩子可以直接阅读,但是我

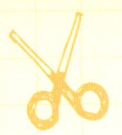

希望孩子的父母也读一读，原因是这样做可以"一箭三雕"：父母的参与不但可以帮助孩子提高学习效率，还可以引导孩子找到真正的目标，而父母在此过程中也可以学习如何做孩子的成长教练。

学习是一门科学。总有孩子觉得学习很苦，不想上学，或者不知道努力学习是为了什么，只想"躺平"。这一方面是因为孩子没有目标，另一方面是因为学校的课堂对孩子缺乏吸引力，无法激发他的好奇心、求知欲和想象力。有的家长说孩子"不会思考""不动脑子"，其实从脑科学的角度来说，大脑更习惯记忆，而不擅长思考。但在一种情况下例外——那就是人的好奇心被激起后，忽然想挑战一件事情、想解决一个问题，进而进行思考。思考问题本身虽有难度，但通过努力解决问题后就会产生满足感，继而形成一个继续思考、继续解决问题的正向循环。

有人说学习是反人性的，我不这样认为。有的妈妈说求学本身就是一个很苦的过程，我也不这样认为。从你和孩子共读这套书开始，我相信你的认知多少会有一些改变，你和孩子将会在以下四个方面中的一个或多个方面有所收获：

1. 了解世界名校的高效学习方法；
2. 提高学习效率；
3. 养成良好的学习习惯；
4. 家长如果与孩子共同学习，则会重新理解学习的逻辑。

学霸新解

我有两个主要的身份：一个是少年商学院创始人，另一个是3个男孩的爸爸。创业近10年，我自始至终是行动派，是实践家。针对孩子的商业思维培养与领导力提高，少年商学院服务了30万个家庭。少年商学院课程的底层逻辑其实是"通识教育+设计思维"（可通俗理解为：增加知识的广度与思维的深度）。前者让孩子知道自己是谁，了解世界的多元化，发现自己的兴趣爱好甚至使命；后者让孩子学会跨学科思考，培养可迁移能力和解决问题的习惯。

我在《世界是我们的课堂》一书中提出了一个概念：新式学霸。新式学霸有三大特征：酷爱阅读，海量阅读；

善于提问，关注社会；兴趣广泛，关注实践。

新式学霸当然是针对被贴上"学习机器"标签的旧式学霸而言的。如果孩子有了目标，掌握了适合他的学习方法，同时父母营造了好的家庭教育氛围，这样的话，孩子或早或晚都会成为一个新式学霸。

而在养育3个孩子的过程中，我更加感受到父母应当蹲下来，用欣赏的心态和孩子交流的必要性，以及努力成为孩子成长教练的重要性。每个孩子都有自己的个性，每个孩子都有不同的学习风格。如果家长太过着急，拔苗助长，结果一定是适得其反的。所以，我在家里的教养方式是"游戏化教养"，让孩子的学习、成长像通关打怪兽一样充满乐趣，让孩子充满成就感。他们的学习成绩不全是拔尖的，但他们正走在成为内心丰盈、积极向上的新式学霸的路上。

这套书也可以被视作"新式学霸养成宝典"，它融合了少年商学院做国际化创新教育的理念、方法、实操指引，以及我们帮助无数家庭取得一定成果后的案例归纳。

这套书中的学习方法是与超过30万个家庭磨合所得，它绝不枯燥。这些学习方法可以让孩子发现学习其实非常

　　轻松，更能激发孩子自身对学习的全新认知，让孩子爱上学习。

　　我希望这套书能帮助孩子找到学习的目标，激发孩子的自驱力，也希望这套书能帮助更多的父母重新理解学习，更好地和孩子沟通。

　　现在，就让我们一起踏上"学习如何学习"的奇妙旅程吧！

目录

第①章
哈佛学习力 /001

"学习课"，一门学校没有教过的重要科目 /002

为什么要学习？ /009

如何激发学习的内在驱动力？ /016

究竟什么是哈佛学习定律？ /023

如何提高专注力？ /030

为什么自学总是半途而废？我该怎么办？ /037

如何养成制订学习计划的习惯？/ 043

如何做好每天的时间管理？/ 050

如何利用黄金时段提高学习效率？/ 058

如何通过阅读打造你的核心竞争力？/ 064

需要根据书单来读书吗？到底该如何阅读？/ 072

如何提高听课效率？/ 077

如何提高弱势科目，创建优势科目？/ 083

如何利用分数的正向反馈建立良性循环？/ 092

如何用提问刺激思考？/ 099

为什么在哈佛唯一不变的就是"变"？/ 106

如何达到学习的最高境界？/ 112

送给未来学习道路上的你的三句忠告 / 122

第②章

斯坦福学霸高效笔记 / 130

为什么要记笔记？记笔记的原则是什么？ / 131

如何把课堂笔记做得又快又好？ / 141

上课时抄的笔记回家后看不懂怎么办？ / 149

做完笔记该怎么整理复习？ / 156

阅读课外书或者文章时怎么做笔记？ / 164

小组讨论时怎么做笔记？ / 171

第①章
哈佛学习力

$A+B=C$

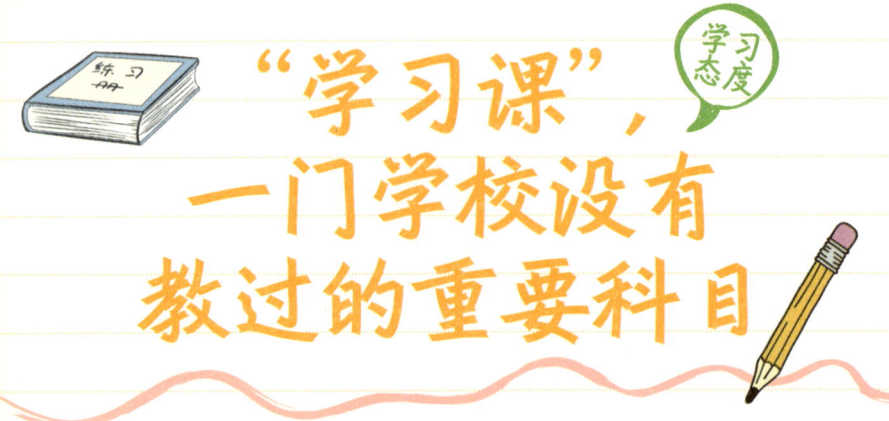

"学习课", 一门学校没有教过的重要科目

说到哈佛大学,你一定不会陌生。介绍哈佛大学(下文有时会简称"哈佛"),有这样一句经典的话:

先有哈佛,后有美利坚。

这不仅说明了哈佛建校比美国建国还早,更是在强调哈佛学生的奋斗精神和创新精神,而这正是美国的核心精神。

哈佛大学作为全世界的顶尖名校,人才辈出:曾出过8位美国总统(包括美国历史上首位连任四届的总统富兰克林·德拉诺·罗斯福),还有数十位诺贝尔奖和普利策新闻奖获得者。无论是政治领域、商业领域，还是文学领域、科技领域，各个领域的很多精英都有在哈佛学习和工作的经历。

富兰克林·罗斯福

那么，到底是什么让哈佛的学生如此与众不同呢？

在哈佛大学文理学院院长威廉·柯比教授的《学习力》一书中，我们可以找到答案。

柯比教授在书中写道：

<u>哈佛学习力的核心是教授给学生学习的方式和解决问题的方法。</u>

正是这些学习的方式和解决问题的方法，让学生在漫长的一生中不断给自己增值。这就好比

下雪的时候在雪地里滚雪球，越滚越大。换句话说，培养让学生终身受益的学习力，才是哈佛大学教学的最终目的。不得不说，哈佛大学培养学生的思路真的是高瞻远瞩。

为什么这样说呢？

过去，一个人全部知识的80%是在学校学习阶段获得的，其余20%则依靠在工作阶段学习获得；而现在正好相反，在学校学习到的知识不过占全部知识的20%，其余80%的知识都需要在漫长的一生中通过不断的学习和实践获得。

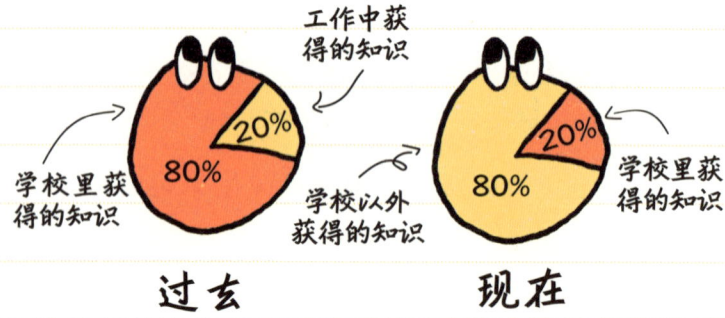

哈佛大学有这样一句格言：

从来没有一个时代像今天这样需要不断地、随时随地地、深入广泛地、快速高效地学习。

所以，既然你生活在这个时代，就不能鼠目寸光。依靠在学校学到的知识去应付一切的时代已经一去不复返了，我们身处一个终生学习的时代。在这个大的时代背景下，学习力变得至关重要。

 那么，我们该如何提高学习力呢？

这是一个关键问题。有一次，我在学校演讲，我问学生："有一个科目，考试的时候每个人都要用到，但是你们都没有学过。有谁知道是哪一科吗？"同学们面面相觑。

"答案就是'学习课'！"

请你想一想，你在学校学习数学、语文、英语、体育等科目，是不是从来没有人教过你学习课，指导你该如何学习？所以，学习课就是你每天都会用到，却从来都没有学过的重要科目。

也正是因为缺少学习课，不少同学都因为学习成绩不理想而感到烦恼，对将来的升学志愿感到彷徨。

父母也很焦虑。他们每天都要求孩子用功读书、认真准备考试，却没有告诉孩子正确的学习方法，导致众多孩子过早地陷入"痛苦读书的困境"。结果当然与父母的愿望背道而驰，孩子越来越厌学。

更糟糕的是，这将会是一个恶性循环。父母因此而更焦虑，如同陷入一个深深的旋涡中。他们虽然很痛苦，但是束手无策。

这种情况也许正发生在你的身上，或者你身边同学的身上。这背后的核心原因就是我们没有掌握学习的方法，缺少真正的学习力。

那么，到底什么是学习力呢？

关于"学习力"的解释：

学习力是一种学习的方式和解决问题的方法。

如果给学习力下一个准确的定义的话，学习力就是学习态度、学习动力、学习方法、学习效率、创新思维和创造能力这六个方面的综合体。

如果你明白了这一点，你对学习力的理解格局就会变得更大。

在接下来的内容中，我将会结合《学习力》一书的内容，和一些来自哈佛大学、麻省理工学院、斯坦福大学等全球名校的学霸朋友关于学习方法的观点，以及我国的学习环境与特点，使用最通俗的语言，对学习力的六大方面进行深入浅出的讲解，教给你真正的学习力，让你深入领悟学习的真正秘诀。

总结

我相信，当你看完整本书后，你将会走出学习困境，充分享受学习的乐趣。如果能够从小培养健全的学习力，你将会成为一个具有哈佛气质的终生学习型人才。

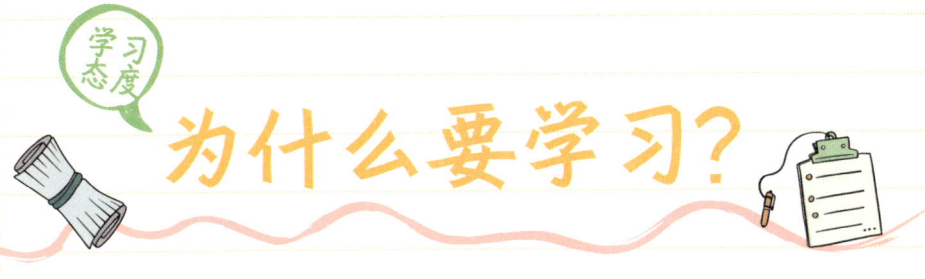

为什么要学习?

（学习态度）

哈佛大学的柯比教授曾经建议哈佛大学的学生每天都问自己一个相同的问题：

 我为什么要学习?

这是个看似简单，实则非常重要的问题。如果你没有良好的学习动机，也不明白做事的目的，就很难产生强大的内在驱动力。

换句话说，对于处于学习初级阶段的同学来说，不理解"为什么要学习"这个问题，不懂得"学习的必要性"，那么很可能会变成一个被动学习的机器：别人推一把，就动一下；不推的话，就停滞不前。

正是因为一个人的生命是有限的，所以认清自己要什么，并且找出动机是很重要的。

009

下面列举了一些大多数人学习的原因，你看看自己会选择哪个。

学习的原因是：

A. 享受学习的乐趣

B. 对知识本身有兴趣

C. 为了得到学位证书

D. 为了将来获得一份好工作

E. 父母或老师要求我学习

不要自欺欺人，请你诚实地思考一下。

我们来分析一下上述选项：

AB　A 和 B 属于个人原因，你想要的回报就是学习本身。如果选了 A 或 B，你可能会感到很踏实。

CD 如果选了 C 或 D，这就表明你的学习原因对你很重要，但得到回报的时间较长，你可能会感到学习很枯燥。

E 如果选择了 E，那你可能是一个厌恶学习的人。你根本不想学习，只是迫于各方面的压力而学习。

你必须清楚自己学习的目的是什么。因为如果不知道学习的重要性，不能使学习变得有乐趣、有收获，你的学习将始终不会有太多进展。

有一个暑假，我在带学生参加工作坊。晚上查房期间，我看到一个10岁的小男孩哭丧着脸写数学卷子。

我问他："都这么晚了，你怎么还不睡觉？还有暑假作业吗？"

小男孩抬起头看着我说："是妈妈给我留的作业。我每天都要做，还要预习明年的课程。如果没有按时做完，会被妈妈骂的。"

这个小男孩不管走到哪里、在做什么，学习的负担总像影子一样跟着他。更严重的是，这种负担竟来自他的妈妈。像这样被迫学习，虽然眼前可能会有好成绩，但日日夜夜被学习负担压迫着，心情不可能是愉快的。

他学习并不是为了自己，而是为了不挨妈妈的骂。在这种情况下，他怎么可能具有主动学习的意识呢？

不幸的是，虽然这个道理很简单，却还是有不少像这个小男孩的妈妈一样的家长。他们不是在帮助孩子明确自己的学习目的，而是在牵着孩子的鼻子走，结果只会适得其反。

与这件事情形成鲜明对比的是一个名叫小豪的12岁男孩的故事。

暑假期间，我在书店遇到了我之前的学生小豪。

你在这里做什么？

读几本书。

我低头看了看他手里拿的书，是一本关于亚当·斯密的青少年读物，旁边还放着一本富兰克林的传记。

为什么要读这些书？

以前上您的"经济学"和"读人物传记"的课程时，我就对经济学人物非常感兴趣，所以暑假就想读一些经济学人物的传记故事。在阅读的过程中，我不仅学到了经济学知识，还了解了欧洲和美国的历史。

013

听了他的回答，我感到非常开心，不禁在心里为他竖起了大拇指。

在一些学校的图书馆里，我总是能看到许多学生在伏案学习。

我问他们："你们为什么学习？"

"马上要考试了，就是要考个好分数呗。"他们几乎异口同声地回答。

相比之下，小豪并不是为了考个好分数而看书，而是因为自己感兴趣而看书。他不仅从书中获得了广泛的知识，他的学习成绩也总是令人羡慕。

哈佛有一句名言：

在学习中有一个清晰的目标，并为实现这个目标而学习的时候，学习就不再是讨厌的、与自己的人生无关的负担了。

这句话非常精辟,换句话说就是,学习的主观目标越清晰,就越能放下包袱,也越能调动学习的主动性。

这时候,学习就成了有趣的、能够决定自己命运的最紧要的事。只有这样,你的学习才是主动的、自觉的,而不是被迫的、压抑的。

总结

希望你能够认识到:学习是为了自己,而不是为了应付父母或者老师。也希望你能在学习中有一个清晰的目标,并为实现自己的这个目标而学习。

在这里,我给你留一道思考题:你学习到底是为了什么?

# 如何激发学习的内在驱动力？

 如何激发学习的内在驱动力？

这是一个老生常谈的问题。

激发学习的内在驱动力，兴趣永远是最好的老师。

可是，有些同学偏偏对学习无法提起兴趣。家长心急如焚，如果这些同学中有你的话，那你肯定也很苦闷。其实，大可不必如此紧张，学习的兴趣完全可以慢慢培养起来。

方法一：从你最感兴趣的方面开始

对于孩子学习以外的某些兴趣爱好，父母千万不要一味地扼杀，而要正确地引导，逐渐引导到学习兴趣上来。一个人对爱好和学习产生兴趣的原因是相同的，都是获得成功的兴奋感和快感。

磨刀不误砍柴工。花点时间培养兴趣，培养兴趣的过程就是一个人成长的过程，其方法可以类推到学习中去。因此，转变学习态度，首先是培养兴趣。

方法二：确定学习目标，制订学习计划，这是开启成功学习大门的魔法钥匙

哈佛大学曾经对100名学生进行了一次调查，向每个人提出了这样一个问题：10年以后，你希望在什么地方从事什么工作？

这些学生都回答想得到财富和荣誉，希望创建自己的公司，或者从事能影响我们所生存的世界的重要工作。

这些回答并不奇怪，而且从某种角度来看，似乎理所当然，毕竟他们是出类拔萃的哈佛大学的学生。

但是，让人感到意外的是，在这 100 个接受调查的年轻人中，有 10 个人不仅决心征服世界，还将目标清清楚楚地写了下来，并说明他们什么时候会取得这个成就，取得这个成就的理由是什么。对比之下，其他人则没有像他们那样写出各自的目标和理由。

看到这里，你可以猜猜，这 10 个人未来会与其他人有什么差别呢？

调查人员追踪了这些学生 10 年。10 年后，调查人员发现，原来写过目标和理由的那 10 名学生，所拥有的财富竟占全部 100 名学生财富总和的 96%。

看到这里，相信你已经感受到了，确立目标与制订计划是学习规划必不可少的内容。目标就像促使我们前进的灯塔，计划是行动的方案。如果没有目标，计划就失去了明确的方向，只能四处乱撞；没有计划，目标则只是一句空谈，没有任何实际意义。所以，有明确的学习目标和计划，把它们写下来并付诸行动的人，将来更容易获得更高的人生成就。

不过，确立自己的学习目标可不是一件容易的事。在向目标迈进的时候，你的目标也会发生阶段性的变化。

下面，讲一个哈佛学生凯文（Kevin）的故事。

大学一年级时，他选修的几乎全是科学课程，还打算主修理论物理。

大学二年级时，他突然发现，物理学的动人之处在于抽象的部分——公式、定理与概念。所以，真正令他动心的是物理中的数学，于是他把主修科目改为数学。

大学三年级时，他又有了新的想法。他虽然喜欢数学的井然有序，但受不了那冰冷的感觉，于是又把主修科目改为艺术。

到了大学四年级时,他终于找到了自己的学习目标——做一名出色的建筑师。

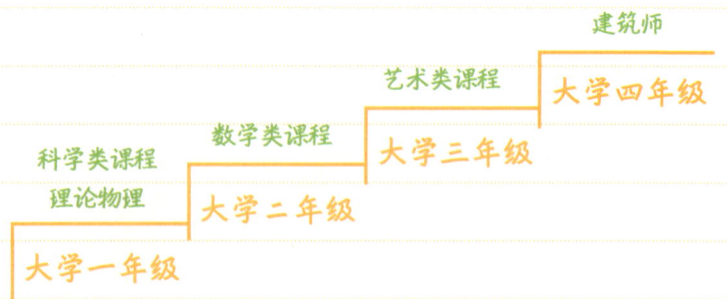

看到这里,你可能会感觉凯文在哈佛这四年,一直在不同的科目之间跳来跳去,似乎浪费了很多时间。但是,如果你仔细分析一下就会发现,他前面所学的知识为他的最终目标奠定了牢固的基础。物理学使他了解了物体结合的原理,数学给了他度量的能力与秩序感,艺术则造就了他敏锐的眼光与灵巧的双手。最后,他找到了最适合自己的目标,成了一名优秀的建筑师。

在实现目标的过程中,必须对一定时期内的学习目标、措施、步骤进行部署和安排,这就是计划。一个完美的长期学习计划,可以帮助你清楚地知道自己的学习方向、应采取什么策略、如何安排时间等,从而减少学习的盲目性和随意性。

一个适合自己的学习计划必须具备下列四个部分:

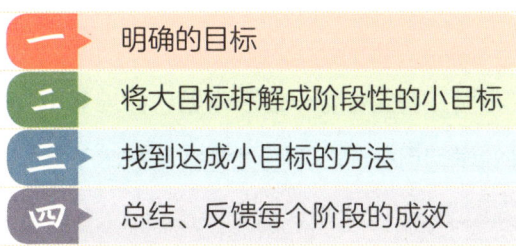

一　明确的目标
二　将大目标拆解成阶段性的小目标
三　找到达成小目标的方法
四　总结、反馈每个阶段的成效

此外,告诉你一个自我激励的方法:在努力的过程中,你可以发挥想象,畅想一下目标实现后自己喜悦的样子。这样做的好处是,让你的大脑深刻地体会到目标实现能带给你无限的快乐。这时候,你就会马上采取积极的行动,设法让目标得以顺利实现。

这一章,我们聊了一个关于学习动力的问题:如何激发学习的内在驱动力?

首先，激发学习的内在驱动力，兴趣永远是最好的老师。

其次，你要学会设立目标并制订计划。

下面，我给你留一道思考题：你准备设立一个怎样的学习目标呢？不妨把答案写在本子上。

学习动力

究竟什么是哈佛学习定律?

有些同学每天从早到晚都很忙碌,一大早就起床去上学,一天的课程排得满满当当。下课后,还要去参加兴趣班。回到家后,还有很多作业要做。

看到这里,你是不是也感同身受呢?是不是也经常抱怨学习压力非常大,学习很痛苦呢?

先别抱怨,我给你描述一下哈佛大学的学生们的学习生活。哈佛大学的学生都是过五关斩六将,经过严格的挑选后,才进入哈佛大学这所全球顶尖学府的。但是,这些学生进入哈佛大学后,会马上感觉到这里激烈的、近似残酷的竞争。许多哈佛大学的学生每天都要学习13～18个小时。一天24小时,可以说除了睡觉就是学习。

13~18 个小时的学习

休息

吃饭

这一点我深有感触。我在加利福尼亚大学伯克利分校读大学的时候,也经常每周学习100个小时以上。那时候,每天学习到凌晨一两点钟都是家常便饭。全班成绩最差的20%的学生会受到校方的秘密警告,甚至大学一年级每个班都有5%的学生被迫退学。学生的压力都非常大。

看到这里,你可能会有这样的感觉:哇,哈佛的学生也太疯狂了吧!

哈佛大学给出的解释是:学校从学生刚入大一就告诫他们,如果你想在进入社会后,在任何时候、任何场合都得心应手,并且得到应有的评价,那么你在哈佛大学学习期间,就没有晒太阳的时间。

你可能会有些不理解,大学生活不应该是丰富多彩的吗？为什么要让学生这么紧张呢？这其实是在培养学生们良好的学习态度。当他们经过苦读，顺利地完成学业后，就会有这样一种感触：他们已经不再惧怕任何困难，因为他们已经经受了炼狱般的煎熬。

所以，我现在研发课程也好，看书也好，都不会感觉很痛苦，反而觉得很轻松，因为原来学习的过程比现在苦多了。这就好比你之前训练都是每次跑20千米，现在每次只跑10千米，那你肯定会感觉非常轻松。

说到这里，你一定想知道，哈佛的学生到底有什么学习的秘籍呢？

其实，哈佛真的有一个学习秘籍。在哈佛，大家公认的学习定律就是 $W=X+Y+Z$。

这是什么意思呢？W是成功，X是勤奋，Y是正确的方法，Z是少说废话（更深层的意思是停止抱怨）。所以，哈佛的学习定律就是，成功＝勤奋＋正确的方法＋少说废话（停止抱怨）。勤奋永远排在第一位。

$$W = X + Y + Z$$

- W：成功
- X：勤奋
- Y：正确的方法
- Z：少说废话

这个公式是你从本章内容中得到的最重要的一个收获，请记在你的笔记本上。

也许你看到这个公式后会感觉有些失落：原来哈佛的学习秘籍就是一个这么简单的公式啊！我还以为有多了不起呢！

我对此非常理解。有些同学一直在苦苦寻找所谓的学习秘籍，他们认为只要有了这些所谓的秘籍，学习就会成为轻而易举的事。这是个错误的想法。

下面，我讲一个小故事：

从前，有一位爱民如子的国王。在他的睿智领导下，臣民丰衣足食、安居乐业。深谋远虑的国王最近却每天都忧心忡忡，担心他死后，人民是否还能过幸福的生活。为了治愈这一心病，国王召集了国内所有的有识之士，命令他们找到一个能确保人民永远生活幸福的秘籍。

三个月后，学者们把三本叠起来有几十厘米厚的书呈给国王，说："国王陛下，天下的知识都汇集在这三本书内。只要人民读完它，就能确保他们生活无忧了。"

国王不以为然。他觉得书太厚了，人民是不会花那么多时间来看书的。所以，他命令学者们继续钻研。

两个月后，学者们把三本书简化成一本。国王还是不满意。

又过了一个月，学者们把一张纸呈给国王。

国王看后非常满意地说："很好，只要我的人民日后都能真正奉行这宝贵的智慧格言，我相信他们一定能过上富裕、幸福的生活。"说完,国王便重重地奖赏了这些学者。

看到这里,你猜猜这张纸上写的是什么呢?

原来这张纸上只写了一句话:"天下没有不劳而获的东西。"

如果在学习中,你还存有一点取巧、碰运气的心态,希望能够喝一瓶营养液,或者像武侠小说里写的那样受到高人的指点,醍醐灌顶,灵光乍现,那么读完这个故事,你就应该明白这是不可能的,因为学习的首要因素就是:积极、勤奋。

就像化学家门捷列夫所说的：

天才就是这样，终生努力，便成天才。

从来没有人能完全依靠天分获得成功。上天虽然给了你天分，但你还需要用勤奋来将天分变为天才。否则，你不会在学习中取得多大的成就。

总结

本章最重要的内容就是这条哈佛的学习定律：成功=勤奋+正确的方法+少说废话（停止抱怨）。希望你能将这个公式写下来，贴在床头。

最后，我想多说一句：

对于学习这件事，有时候快了就是慢了，慢了就是快了。

不要想着走捷径，你看到的捷径可能是陷阱。

如何提高专注力？

学习系统

你有没有在学习的时候遇到过这样一个问题：总是注意力不集中，很容易走神。

那么，该如何提高专注力呢？

想提高专注力，最核心的原则是，必须进入学习的最佳状态。

如果没有进入学习的最佳状态，你的思维很容易涣散，一会儿就会注意力不集中，学习的效率会越来越低，本来10分钟能完成的功课，你可能会拖到40分钟，而且还会出现各种错误。

该如何进入学习的最佳状态呢？下面，我来分享三个重要的方法。

方法一：保证学习的时候心情愉快

曾担任过中国国家男子足球队主教练的米卢曾经倡导的快乐足球，就是这个道理。让球员在训练时保持愉快的心情，从而调动每个球员的积极性，使他们更加专注于训练。

学习也一样。心情愉快时，学什么都不觉得困难，积极性很高，很乐意去学习，效果自然不错；心情不好时，忧心忡忡，就很难学得进去，学了半天也不知道自己学了什么，效果自然很差。

关于心情会影响学习的效果这一点，哈佛大学心理研究中心曾经做过一个有趣的实验。他们把 50 名学生分成两组，一组以愉快的方式上课，另一组以不愉快的方式上课。一个月后，他们发现，在愉快的气氛中上课的学生，大多数学习的效果都不错，对所学的内容大部分都能掌握；而另一组学生的情况明显就差多了，他们甚至早已想不起自己在这一个月里都学了些什么。

这项实验说明，心情不好会影响学习效果。如果能有效地调节自己的情绪，始终保持愉快、轻松的状态，你就能达到更好的学习效果。

这就像当你不开心、烦躁不安或者心里有事的时候，给你端上再好的美味佳肴，都引不起你的食欲，你会味同嚼蜡。而当你心情愉悦时，哪怕是一顿普通的快餐，你也会吃得非常香。

所以，在你准备集中注意力的时候，首先需要做好准备，控制和调节好自己的情绪，从而使你的大脑处于最佳的学习状态。

如何才能始终保持愉快的心情，提高学习的专注力呢？

教给你一个方法：暗暗告诉自己，接下来将会做一件很有趣的事情。

刚开始学习的时候，你千万不要告诉自己这是一件枯燥乏味的事。这很重要，不要先入为主。因为一开始你认定一个事物的好与坏，并不一定是客观的。就像要知道一个苹果好不好吃，不能单看它的外表，而是要去细细品尝，尝出味道。

方法二：在适宜的环境中学习

在安静的环境中学习，关掉电视机和音乐。你的耳边越清静，让你分心的元素越少，学习效率便越高。

收拾桌面上的杂物。将游戏设备、玩具、镜子等都收起来，桌面上不留任何会导致分心的物品。千万不要小看了这些物品，它们哪怕再细微、再琐碎，也会严重地干扰你的学习。

经验一

这里分享一个小经验：看书的时候，一次只拿出一本书，全神贯注于这本书，绝不能同时放置好几本在桌面上，铺一大片。如果同时拿出好几本书来，一来容易分心，二来会增加读书的压力。当你读完一本书之后，再换另一本书。这样既可使你更专注，又会增加你的成就感。

经验二

在看书的过程中，手中拿一支笔。光用眼睛看书，容易因视线飘移，使目光不自觉地从书本上移开，从而使你无法专心。手中若能握着一支笔，利用笔引导视线的移动，并在书本上做出不同的记号或是整理读书心得与学习重点等，通过手与眼的密切配合，你会更容易专心。另外，切记：手上的笔是用来写字的，不是用来转的（很多学生有转笔的习惯，切记学习时不转笔）。多在书上画记号，在笔记本上写字，就会使心比较容易定下来。

方法三：调整坐姿，学习之后要记得休息

最近，我在刻意练习跑马拉松，训练过程中需要学习很多看似非常不起眼的跑步技巧和力量训练的方法。通过一段时间的训练，我突然发现自己的专注力提高了很多：坐得更直，坐的时间更长，而且感觉完全不累，专注于一

件事情的时间也更久。

一些同学专注力差的问题其实与肌肉耐受力不足有一定的关系。缺少规律的体育运动，一有空就拿着iPad、手机，驼着背打游戏，久而久之，就会导致肌肉耐受力不足。肌肉耐受力不足，就会导致坐姿不正确，坐不了10分钟就东倒西歪，趴桌子、支下巴，这就使得注意力无法集中，学习效率越来越低。

换句话说，坐姿不正确，体力差，不仅身体容易疲劳，专注力也会跟着降低。所以，平时一定要重视体育运动，不要逃避、偷懒，要增强你的肌肉耐受力。而且，运动会让你感到快乐和愉悦。坚持一段时间，你会发现专注力也逐渐提高了。

另外，全神贯注的专注力与休息是密不可分的。在集中注意力完成一件事情之后，精神与体力需要得到恢复，所以必须休息、调整一下。记住：休息是为了更好地使用我们的精力。休息时，你可以放松自己的心情，在敞开的窗户前深呼吸，为大脑重新输入氧气，让眼睛休息一下，吃些零食，听一段古典的奏鸣曲或是去散散步。

总结

> 提高专注力最核心的原则是，必须进入学习的最佳状态。在学习的过程中，要保持愉快的心情；要在适宜的环境中学习，还要注意调整坐姿，学习之后要休息一下，恢复精神和体力。

学习系统

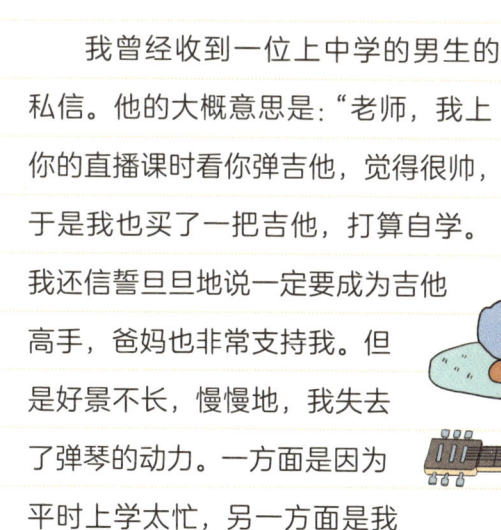

为什么自学总是半途而废？我该怎么办？

我曾经收到一位上中学的男生的私信。他的大概意思是："老师，我上你的直播课时看你弹吉他，觉得很帅，于是我也买了一把吉他，打算自学。我还信誓旦旦地说一定要成为吉他高手，爸妈也非常支持我。但是好景不长，慢慢地，我失去了弹琴的动力。一方面是因为平时上学太忙，另一方面是我发现弹琴也没太大意思。所以，原本信誓旦旦要学好的技能，就此搁浅了。我放弃得非常轻松。不仅仅是自学吉他，之前自学魔方、编程也是如此。为什么我的自学总是半途而废呢？我该怎么办呢？"

我问了他一个问题："你觉得为什么你总是半途而废呢？"

他想了想，回答我说："我觉得是我的方法不得当，而且我也不是很聪明，所以总学不下去。"

这位同学的问题其实是一个普遍存在的问题。我经常看到周围的同学做事情三分钟热度，学到一半就放弃了。

究其原因，学习方法不正确是一个重要的原因。但想自学有所成就，除了方法，更重要的是决心和毅力。

请你想一想，你是不是在生活中只要遇到一点儿困难，就随随便便找个理由放弃了呢？比如，练习游泳，今天太累了，明天再练，或者最近心情不好，没状态，过一段时间再说。如果你在学习中总是有这样的想法，总是遇到困难就想放弃，那么你可能终其一生，都会看起来忙忙碌碌，最终却一事无成。

那么，我们该如何更好地克服困难，避免半途而废呢？

告诉你一个重要的方法：确定目标，找一个足够充分的理由，然后坚持、坚持、再坚持。

在我开始进行马拉松训练的时候，也碰到过这个问题。每当训练遇到困难和挫折的时候，我都会想到我的目标——跑完全程42.195千米的马拉松。而我练习跑马拉松的初衷是：我要成为一名不断给大家研发出新课程的老师，我要像宫崎骏一样，不断创作出更好的作品。因此，必须有一个强壮的身体才能支持我不断研发下去。

所以，在我每次接受高强度的耐力训练和力量训练的痛苦过程中，我会在潜意识里反复刺激我的大脑——我最初的目的让我渡过了每一个难关。

学习的原理其实和体育训练是融会贯通的。

学习本身就是在探索新的事物,而且在探寻过程中绝对不会一帆风顺。这些新事物需要你不断思考,反复琢磨。

在确定目标和方向后,必须以坚韧不拔的态度坚持下去,锲而不舍。在坚持的过程中,你会遇到瓶颈期,感觉自己真的想放弃。例如,有一次,我练习跑35千米马拉松。跑到18千米时,我感觉身体非常沉重,腿很酸胀,脚非常疼痛。这时候,我就向我的偶像村上春树学习,在心里默念一句话:"我不是人,我是一台机器。"这句话帮我熬过了最难受的瓶颈期。最终,我完成了训练。

所以,当你遇到瓶颈期,觉得很痛苦、想放弃的时候,也可以告诉自己:"我不是人,我是一台机器。"

哈佛大学有一句著名的格言:

==坚持是学习力最执着、最顽强的品质。==

你可能会担心，害怕自己很努力，但是起色不大，而其他人却看起来很轻松。于是，你怀疑自己，觉得坚持下去也是徒劳无功。

如果你有这样的想法，请你千万不要气馁。我想告诉你：摩天大厦是由一砖一石建造而成的；登山运动员的成功是一步一步攀登出来的；学习过程也是一样，没有谁能一夜成功，成功都是多年坚持不懈地努力的结果。你看其他人好像都很轻松的样子，殊不知他们可能每天都在被窝里偷偷地学习。所以有这样一句话："你只有特别努力，才能看起来毫不费力。"

记住，只要你的方向正确，并且能坚持不懈地探索，就算可能暂时看不到大的成果，但在坚持的过程中，你肯定会获得一些较小的成果，以及一些小小的成就感。所有巨大的成果都是由一点一滴的小成果积累起来的。

最后，告诉你一个小技巧，如果你想自学一个新的技能，在开始自学之前，不妨请教练或者老师带你入门。

当然，并不是有了教练和老师之后，你就可以速成。老师和教练可以教给你很多方法，更重要的是给你一个学习进度的反馈，帮助你养成科学的学习习惯。当你入门之后再自学，会更加得心应手。记住，天下没有那么多无师自通，但是，"师傅领进门，修行在个人"却是亘古不变的道理。

总结

学习越深入，自学就越重要。一个人不会自学，就相当于一个孩子不会走路，始终不能成为一个独立的学习者。

希望你也能确定一个自学的目标，找到足够充分的理由，然后坚持、坚持、再坚持地学习或练习起来。如果你遇到了瓶颈，觉得很痛苦、想放弃，就告诉自己："我是一台机器。"

学习系统

如何养成制订学习计划的习惯？

对于学习习惯，哈佛大学有这样一个评价：学习习惯是一种顽强而巨大的力量，好的习惯是不断提高学习力的保证，而坏的习惯只能使你一事无成。

课前、课上、课后，以及生活中的自学，都会涉及学习习惯。但是，在这些学习习惯中，最重要的是要养成制订学习计划的习惯。一旦有了制订学习计划的习惯，你就会终身受益。

那么，该如何让自己养成制订学习计划的习惯呢？

制订学习计划，最重要的是树立长远的学习目标。当你进入学校后，最好从小就树立长远的学习目标。例如，

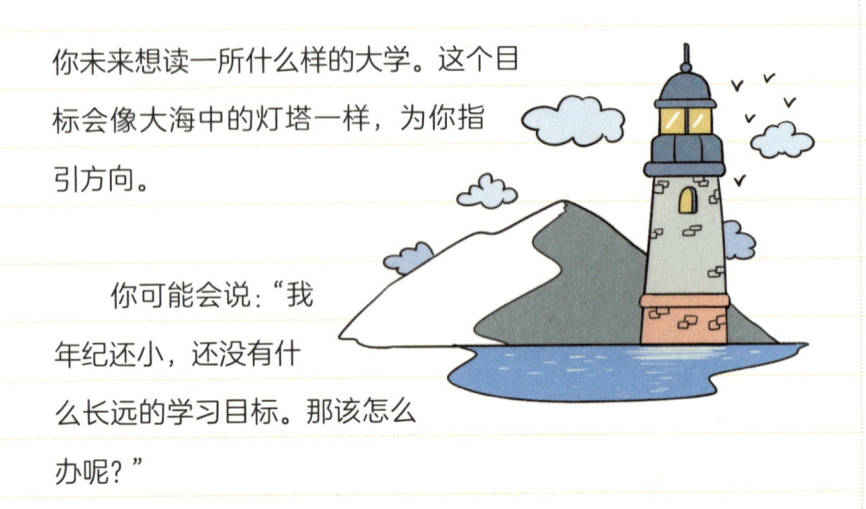

你未来想读一所什么样的大学。这个目标会像大海中的灯塔一样，为你指引方向。

你可能会说："我年纪还小，还没有什么长远的学习目标。那该怎么办呢？"

我非常理解你现在的心理。想树立长远的学习目标，你需要点燃内心的一把火。有时候，点燃的过程可能需要你的父母或者老师来帮你一把。

在这里，我想分享一个发生在我身上的故事。

有几年的寒暑假，我会带着亲戚家的孩子——刚上初中的小伟，去北京和上海。当然，我可不是带他去参观鸟巢、水立方和东方明珠塔这些观光景点，而是去北京大学、清华大学、复旦大学、上海交通大学这些名校。我们会在校园附近的酒店住上一周，我每天带他去感受校园的气氛，再找一些该学校的好朋友，带他去参观教室和实验室等。

之后，我再带他去旁边一些普通的学校感受一下。这样的强烈对比，让他的视野立刻变得不一样了。因为他目睹过最高学府的风采，就会明白：只有努力学习，才有可能考上那些学习氛围浓厚、师资力量雄厚的名校。

不仅如此，我还在咖啡馆和他畅聊其他的全球顶尖大学。比如，哈佛大学的校园外有一家非常好吃的比萨店，加利福尼亚大学伯克利分校里有专门为诺贝尔奖获得者提供的停车位，在斯坦福大学附近的餐厅可能会见到比尔·盖茨或者篮球明星库里……

哈佛大学　　加利福尼亚大学伯克利分校　　斯坦福大学

比萨店　　诺贝尔获奖者停车位　　比尔·盖茨

每次和小伟聊这些，我都尝试给他描述整个世界的精彩。他会觉得他哪儿都想去，他的眼神里会流露出想好好学习的冲动。

更加美妙的是，这个方法彻底点燃了小伟的学习热情。在其他同学每天都在苦哈哈地应付各种考试、为考试是否及格而感到苦恼的时候，小伟则完全不需要父母督促。学习成绩原本只是中等水平的小伟，成绩开始逐渐提高。现在，他的成绩已经名列前茅。更让人不可思议的是，小伟是以哈佛大学的录取标准要求自己的。他开始参与各种社会活动，以及各种创新的工作坊活动，丰富自己的经历。

我非常欣慰，因为我看到小伟内心的那把火被彻底点燃了。小伟心里那个追逐名校的梦已经生根发芽，他知道那里有一个更加美丽、精彩的世界在等着自己。这种胸怀世界的格局与之前是完全不同的。所以，从小树立一个长远的学习目标是非常重要的。

有了长远的学习目标之后，第二步就是要脚踏实地，将长远目标分解成容易实现的短期目标，然后结合短期目标制订明确、合理的计划，并坚决执行到位。

对于短期目标和计划，最重要的就是脚踏实地。例如，假如你正读小学高年级或者刚刚进入初中，从进入初中一年级开始，你就要树立初中三年的总目标，以及每学年为实现这一目标需要完成的任务，并制订切实有效的计划。

以英语为例，考试满分为100分，60分及格。如果你的英语入学考试成绩只有50分，你就可以制订这样的计划：第一学年的英语成绩达到及格线60分；第二学年努力提高，保60分，争70分；从第三学年开始，要稳定在80分以上。如果对自己狠一点儿，三年后达到90分也不是不可能，但你得顾及一下别的学科。如果你真的发奋努力，没准会成为英语特长生。

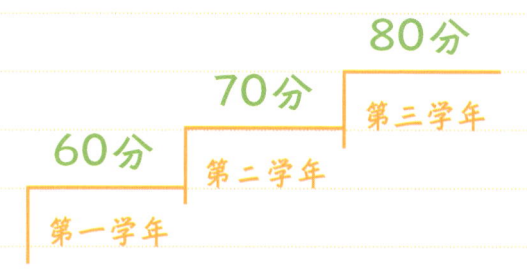

但是，如果你努力一学年，考试成绩还是原地踏步，由于心理落差太大，你想放弃，这样可就功亏一篑了。请你记住，遇到挫折是难以避免的，一定要有钢铁般的意志力，学会自我调节，绝对不要轻易放弃。

另外，学习一定要立足课本，把基础打牢。无论是什么考试，其实处处都有课本的影子。有些考试题目可能没有见过，但知识点都是课本上的。下面这句话说得很贴切——课内知识课外考。考试说到底还是对基础知识的考查。很多学生不知如何解答问题，归根结底都是因为基础知识不扎实。

因此，你制订学习计划的重点应是把课本知识学透。除非你是天才型的学习超人，否则千万不要好高骛远。学习计划要立足于把基础打牢，不要心浮气躁。

总结

如何培养自己良好的学习习惯？最重要的就是你要养成制订学习计划的习惯。

制订学习计划，最重要的是树立长远的学习目标。有了长远的学习目标之后，第二步就是要脚踏实地，将长远目标分解，树立容易实现的短期目标。然后，结合短期目标制订明确、合理的计划，并且坚决执行到位。

时间管理
如何做好每天的时间管理？

世界上有一样东西，

它是最长的，

也是最短的；

它是最快的，

也是最慢的；

它是最不受重视的，

又是最让人惋惜的。

没有它，什么事也无法完成。

它可以使你渺小到消失，

也可以使你伟大到永续不绝。

你猜到这个东西是什么了吗？没错，它就是时间。这段话是伟大的作家伏尔泰在作品中对时间的描述。

接下来，我们来聊一个对学习非常重要话题，那就是时间管理。

"没时间"是很多同学的口头禅。对此，我也非常理解。现在的学生都非常忙，因此，如何高效地利用时间就变得越来越重要。

那么，到底该如何规划时间，提高时间的利用效率，从而让你的学习有条不紊呢？

在《学习力》这本书中，特别提到了哈佛优秀的学生有一个相似的惊人之处，那就是：他们总是将时间挂在嘴边。他们对于时间非常敏感，不会轻易浪费。

英文里有一个单词present，翻译成汉语不仅有"礼物"的意思，还有另外一个含义——"现在"。这似乎是在告诉我们："现在"的时间，对自己而言就是最好的"礼物"。

学习需要花费时间。谁能更好地利用时间，谁就能获得更多的知识。如果想掌控时间，你首先就必须从观念上

Present < 礼物 / 现在

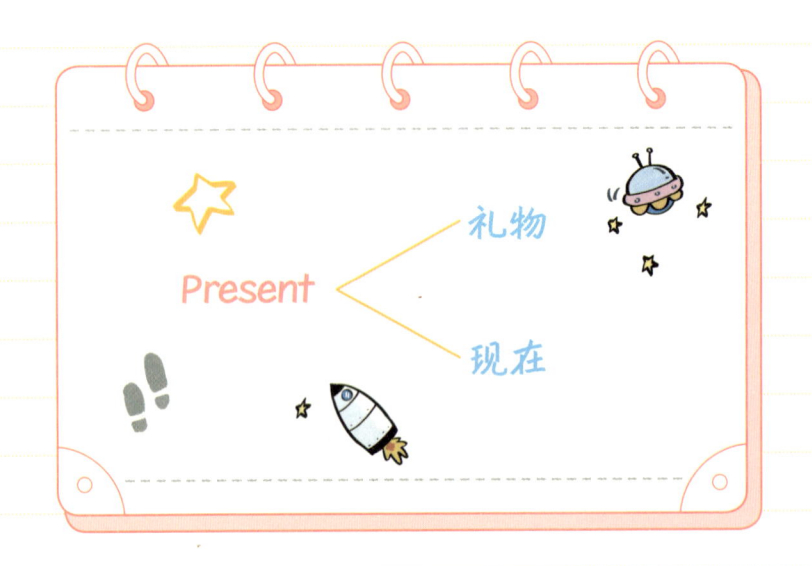

认识到时间的重要性。时间不是一种免费的资源，反而是世界上最昂贵的资源。已经逝去的时间，永远不能复返。

那么，该如何做好时间管理，合理地规划自己的时间呢？下面是几种时间管理的重要方法。

方法一：学会利用零碎的时间

在你的日常生活中，有许多零星的、碎片化的时间，如在车站等车的三五分钟、排队等餐的十分钟等。如果珍惜这些零碎的时间，把它们合理地安排到自己的学习中，积少成多，就会达到意想不到的效果。

比如，你可以做一些摘记卡片，然后利用零星的时间来学习、记忆卡片上的内容。

我曾教过一个英语非常好的学生小韩。他坚持做英文单词摘记卡片，每周50张，这样一年就能摘记2000多个单词和短语。现在，他已有了自己的卡片库。在小韩的房间里，窗帘、衣架、床头、镜子……到处都挂着一串串小卡片，上面写着各类英文单词和短语。睡觉前、早起后、刷牙时，他每天不停地看，潜移默化地记住了很多单词和短语。

现在读六年级的小韩，单词量已经达到了高中的水平。他就是用这种"最土"的方法，一点一滴地学习，最终达到了很好的效果。这比使用很多父母买的背单词的机器效果更好。所以，你不妨也来做一些摘记卡片，这是个不错的学习方法。

你还可以用零星的时间来阅读短文或看报纸、杂志。

较短的零星时间适合读一些短篇的文章或自己感兴趣的报纸、杂志，这样可以帮助你拓展知识面。

总之，你对时间计算得越精细，事情就能做得越完美。如果在学习上，别人是以小时为单位，而你以分为单位，那么那些看起来微不足道的零碎时间就能充分加以利用，你就一定能在学习中有所收获。

方法二：凡事判断轻重缓急，清楚地排出先后顺序

每个人一天都只有24个小时，在有限的时间里无法做完所有想做的事。所以，你只能优先选择最重要的事来做。选择的前提在于判断，判断的准则在于分析每件事的轻重缓急，明确做事的先后顺序。

那么，在学习中，该如何准确地判断哪些才是最重要的事呢？

根据事情的重要性和紧迫程度，我们可以将所有事情分为以下四类。

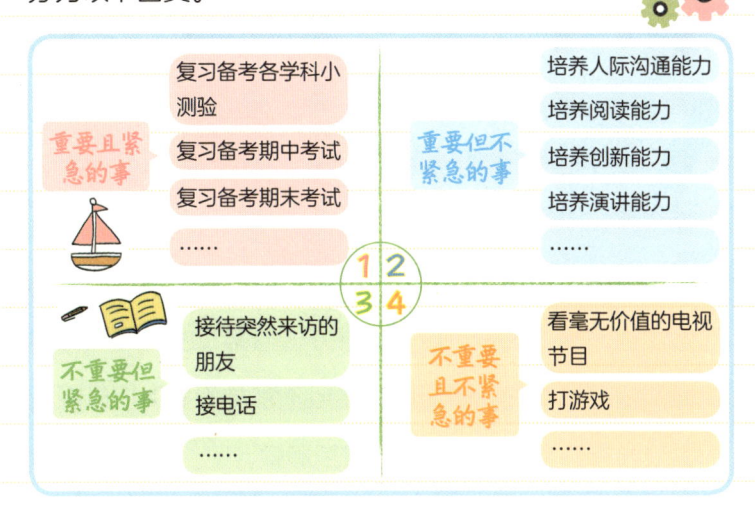

重要且紧急的事	重要但不紧急的事
复习备考各学科小测验 复习备考期中考试 复习备考期末考试 ……	培养人际沟通能力 培养阅读能力 培养创新能力 培养演讲能力 ……
不重要但紧急的事	不重要且不紧急的事
接待突然来访的朋友 接电话 ……	看毫无价值的电视节目 打游戏 ……

那么，该如何对待这四类事情呢？

优先做第一类事情

毫无疑问，我们应该优先做第一类事情。但是，如果你把所有时间都花在做第一类事情上，常常使自己处于一种极度忙碌、疲于奔命的状态，精神长期处于高压之下，那你可能筋疲力尽，学习效率却不高，因为你总是在临时抱佛脚。

关注第二类事情

关注第二类重要但不紧急的事情，如培养自己的人际沟通能力、阅读能力、数学思维能力、英文表达能力等，你反而会大大提高学习效率，使自己更加自信。因为第一类事情做得好不好，与第二类事情做得好不好息息相关。不要把重要但不紧急的事情拖成重要且紧急的事情，然后再临时抱佛脚。

尽量少做第三类、第四类事情

对于第三类、第四类事情则应该尽量少做，它们不值得你花费太多的精力。

这样一来，你就可以在学习中抓住重点，有条不紊地进行时间管理，效率自然就提高了。否则，不但不能提高学习效率，你还有可能变成看起来很忙，但是徒劳无功

的人。

另外，请你一定要珍惜时间。时间往往不是一小时一小时地浪费掉的，而是一分钟一分钟地悄悄溜走的。

总结

在学习中，你要学会利用零碎的时间，判断事情的轻重缓急。只要坚持做下去，你渐渐就会发现，学习效率比以前提高了很多，学习变得很轻松，时间也富裕了起来。

时间管理

如何利用黄金时段提高学习效率？

你在一天中的什么时间学习效率最高呢？

有的人喜欢在晚上学习，而有的人则喜欢在早上看书。有的人早晨的记忆力特别好，而有的人临睡前的记忆力最强。存在这些差异是因为每个人的生物钟是不同的。

换句话说，在一天的不同时间，你的学习能力（包括记忆力、注意力、逻辑思维能力及想象力）并不是一成不变的。如果你能在某种学习能力处于最佳状态的时候选择相应的学习内容来学习，往往会收到意想不到的效果。所以，你需要拨准你的生物钟，利用学习的黄金时段学习。这样，你的学习效率就会提高许多。

那么，该如何找到属于自己的学习黄金时段呢？

学习的黄金时段是指一个人一天中精神最集中、精力最充沛、学习效率最高的时间。这就要求你首先要了解自己在一天当中的身心状况，何时最佳，何时最差，何时最适宜做什么。根据不同学科的特点，找出每天的学习黄金时段，做出最恰当的选择和安排。

大量的科学研究已经证实，在一天中，人的智力存在周期性的变化，就像一段波浪一样，有波峰有波谷。当你的智力处于波峰期的时候，你会头脑清楚、逻辑思维能力强、学习效率高。相反，在波谷期，你的反应会比较迟缓。

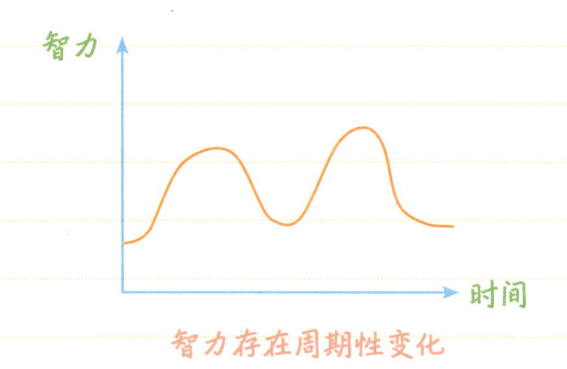

智力存在周期性变化

对一般人来说，上午 8 ~ 10 点和下午 3 ~ 6 点是效率最高的时间，中午 1 点左右效率最低。对于习惯于晚上读书的同学来说，晚上 8 ~ 10 点也是最佳时间。

早学型的人，在凌晨 4 点至中午 12 点，他们神经活跃、精力充沛、精神集中。他们在这段时间的学习效率最高。很多优秀的作家都习惯凌晨开始写作。而晚学型的人，则在晚上学习效率最高。可到了早上，他们常常贪睡不起，整个上午无精打采。到了下午，他们的精神才渐渐振作起来，晚上便精力十足，这种状态会一直持续到深夜。

如果你能掌握这个规律，主动配合自己的生物钟周期来学习，就能获得最高的效率。

利用黄金时段来学习，特别适合在一段自由的时间里，自由地创作或者准备考试。但对于处在初级学习阶段的你来说，每天都要在学校有规律地上课。而且，你的年龄还小，正在长身体，所以千万不要熬夜。

有些同学白天不合理地规划时间，浪费了许多时间，晚上熬到三更半夜，结果导致第二天白天疲惫不堪，精神不集中，脑子反应迟钝。更糟糕的是，白天上课睡觉，课后还要再去找老师补习，这样的补习有什么意义？ 这就是看起来学习很努力，其实本末倒置。

所以，在目前的初级学习阶段，你要充分利用白天的时间学习。你上课、考试都是在白天进行的，所以要把生物钟调到适宜白天学习的状态，提高白天学习的效率，尽可能在上课期间吸收全部知识。

你还要学会合理地分配你的精力。

脑力最旺盛、精力最易集中的时段，最好用来学习需要记忆、理解或比较深奥的知识。比如，清晨记外语单词的效率较高，这是许多人共同的体会。午后则适合学习那些需要动手和活动的课程。

当你感到精神不易集中时，则应选择数学运算等逻辑性较强的学习内容。因为数学运算稍有马虎便会做错，这将迫使你集中注意力，专心致志地学习。

伟大的女科学家居里夫人说：

若是在读书的时候觉得完全不能从书里吸收有用的东西，我就拿出一些数学题，做数学计算，给自己换换脑子。做数学题只要稍微分心就做不出来，这样我就会高度集中注意力，让大脑重新高速运转。

在《学习力》中，有这样的经验总结：

对学习者来说，脑子最清醒的时候宜从事最艰难的学习，钻研较艰深的问题，脑子较为疲乏的时候则宜进行轻松的学习。大片集中的时间适宜用于知识的整理、比较、联系等信息加工处理的学习部分，或者学新课，攻难点、重点；点滴零散的时间则宜用于知识的积累，或者复习旧课、预习新课、做习题等。

所以，如果你有时间自学或者复习，最好使用早晨的一个半小时时间做最复杂的脑力劳动，这样你可能会解决之前无法解决的难题。

在《学习力》这本书里，有一个特别好的建议：

你特有的高效时间与利用方式一旦确立，就应该尽力做到制度化。否则，无规律的生活只能让你疲于奔命。

这句话是什么意思呢？就是要建立对于时间的条件反射。根据巴甫洛夫条件反射原理，如果你经常在固定的时间、固定的环境条件下看同一科目的书，那么每当打开书本，你大脑的有关部位就会不由自主地兴奋起来，从而取得很好的学习效果，就像每到吃饭的时间，人的唾液和胃液就会分泌一样。例如，你可以每天早上在固定的时间和地点背英语单词。时间久了，就可增强记忆效果。

所以，什么时间做作业、预习、复习，什么时间阅读课外读物，什么时间看电视、参加文体活动，星期日怎样安排，都要尽量固定。除了特殊原因外，保证按时完成计划。时间久了，你就会发现你在学习上取得了显著的成效。

总结

拨准你的生物钟，利用你的黄金时段学习，并合理地分配精力，就可以提高学习效率。

学习方法

如何通过阅读打造你的核心竞争力?

说到阅读,你一定不会陌生,上学期间,你一定会阅读各种文章、图书。有些同学非常喜欢阅读,无论去哪里,包里都装着书。但还有一些同学对阅读并不是很感兴趣,甚至嗤之以鼻。

请你思考一下:如果摆在你面前的有三样东西——一台游戏机、一只足球和一本书,你有一个小时的休闲时间,没有人约束你,你会怎样安排这一个小时的时间呢?

这个问题并没有标准答案,但是很遗憾,会有不少同学首先选择打游戏。不是说不可以打游戏,

而是在选择背后可以看出一个人的大脑偏好。当游戏给你带来的满足感大于阅读时，一旦你有休闲的时间，且没有人约束，你就会将时间用在给你带来更大满足感的游戏上。这确实是一件可惜的事情。

针对阅读，曾有同学问我："读书到底有什么用？"

我的回答是："阅读是一个人终生的任务。阅读是一切学习的基础。"

哈佛大学前校长洛厄尔曾说过：

每个受教育的人应该对什么事物都懂一点，但对个别事物要懂得很多。要让学生养成课外大量阅读的习惯，这也是我们的教育取得实效的原因。

从哈佛大学校长的这番话中，你可以体会到阅读能力的重要性。一个人的阅读能力是学习力中的核心竞争力。

也许你会说："我也读了很多书，但为什么读了就和没读一样呢？"

这就是阅读方法和能力的问题了。你必须学会有效阅读，掌握一些好方法，并且在阅读时运用这些方法，不断提高你的阅读能力。

以下是我根据《学习力》整理的一些关于如何提高阅读能力的要点，希望对你有所帮助。

要点一：理解并掌握两种常用的阅读方法

略读，就是快速浏览以获取重要的信息。比如，唐朝是从哪一年开始的？林肯是哪年当上美国总统的？浏览时还可以抛开细节，直奔重要信息而去。这种阅读的目的是浏览并记住中心思想，然后确定哪些是重要的信息。

精读，这种阅读的目的是深刻地理解并掌握书中的知识点。精读需要非常仔细地阅读，从而达到全面理解的目的。

两种常用的阅读方法
① 略读
快速浏览……
② 精读
非常仔细地阅读

要点二：掌握一些阅读技巧

首先要做到集中精力。找一个安静的环境，一定要把容易让你分心的东西都拿走。

其次要做到尽量多记。不要走马观花，这样你的记忆力才会提高。

最后要做到把阅读内容同自己的经验、知识结合起来。很多人博学多才，就是因为他们可以把阅读到的知识与之前掌握的知识和已有经验联系起来，像搭乐高积木一样，一层一层地搭建，层次分明。

掌握一些阅读技巧！

要点三：牢记提高阅读理解和记忆能力的三个窍门

记住阅读的目的

永远带着问题阅读

做阅读笔记

有家长曾经对我说："要求孩子带着问题去阅读是不应该的，孩子阅读时会有压力，阅读就会变成很不舒服的事情，这会严重影响孩子的阅读兴趣。"

对此，我的想法是：无功利、无目的的阅读，是修身养性的阅读，这确实是非常惬意的事情。但是，对于学生来说，阅读是需要获取知识、扩展视野、丰富精神世界，从而获得某种体验的。以学习为目的的阅读与修身养性的阅读是不同的。学生在课堂上的阅读，常常需要带着问题和任务。对于意志力还比较薄弱的学生来说，没有问题意识、没有任务地进行阅读，很容易随意散漫、注意力不集中。

带着问题阅读，不一定非要在阅读的过程中受到问题的影响。你不必在阅读过程中简单、机械地按照问题一一对应地去阅读，回答完一个问题才进入下一个部分，你完全可以一口气读完以后，再依据问题进行回顾与整理。这样做的好处是，因为有问题或任务意识，文章中的相应部分就会在头脑中有更加深刻、清晰的印记。这是你在初级阅读阶段需要训练的能力，也是《学习力》非常倡导"永远带着问题阅读"的原因。

但是，要记住，就算方法再多、技巧再全面，如果想不断提高自己的阅读能力，你就必须坚持大量读书。阅读对于大脑就像锻炼对于身体一样，需要不断刺激，从而让大脑越来越灵活，能够进行更大强度的文字处理。否则，我们的大脑就会像缺乏训练的运动员一样，反应越来越迟钝。

其实，但凡有所成就的人，在他们的一生中都有一个贪婪地阅读大量图书的时期。例如，12岁的托马斯·爱迪生有了一张公共图书馆的阅览证。他暗下决心，要把这里所有的书都读完。他利用空暇时间一卷又一卷地读了起来，不放过一本，不漏掉一页，直到把书架上五米长的书读完。

提高阅读能力需要长期训练。你要像运动员一样不断练习，才能达到自己的目标。告诉你一个小窍门，当你感觉累的时候，可以换位思考一下，作者在写这些文字的时候，一定比你更累。

现在，成年人在工作以后很少有人还能坚持读书。这一方面是由于生活、工作的繁忙，另一方面也是因为他们在学生时代就没有养成阅读的习惯。希望你可以从小培养阅读的兴趣和能力，养成"阅读强迫症"，每天不读书就感到难受。如此的话，几年后，你的学习能力、知识储备，就会与之前有天壤之别。

总结

请你记住以下三点：

第一，阅读是你学习一切知识的基础。

第二，阅读能力是你一生需要磨炼的能力。

第三，用进废退，只有多阅读，才能稳定提高阅读能力，不然阅读能力就会慢慢退化。当你的阅读和认知能力提高之后，你可以训练自己的速读力，提高自己的阅读效率。

送给你一句话：

粗缯大布裹生涯，腹有诗书气自华。

需要根据书单来读书吗？到底该如何阅读？

我的一个朋友，是一个10岁孩子的妈妈。有一天，她在微信上说："我想让孩子成为一个饱读诗书的人。"

我表示非常赞赏与支持，因为阅读是一切学习的基础。我就问她准备怎么做。

不一会儿，她就转发给我一份书单，上面写着"孩子必读的一百本名著"，其中就有《双城记》《荷马史诗》《麦田里的守望者》《老人与海》《哈姆雷特》等。她准备"照单抓药"，信誓旦旦地定下目标，让孩子下学期读这份书单上的十本书。

因为是朋友关系,我就调侃了一句:"Good luck!"(祝你好运!但我心里真的为她捏了一把汗。)

一转眼一个学期过去了,一次吃饭的时候,我遇到了她。问及此事,她有些惭愧地说:"一个学期过去了,《麦田里的守望者》这本书,孩子仅仅翻了几十页就扔在那里了,其他很多书甚至连塑封都没有拆掉。"

我非常支持她鼓励孩子读书这件事,但对于她完全按照书单来指导孩子读书的方式,我始终持保留意见。

为什么这么说呢?

第一个原因是:现在很多给孩子推荐阅读书目的书单,往往形式大于内容。

这些书单的标题大多充斥着"一生必读""暑假必读""学生时代必读""不容错过""国外孩子必读""我见过最好的书单"等关键词,整张书单看起来热闹非凡,而读书的本质却并非热闹。

很多父母陷入了对书单盲目崇拜的误区之中，拿上一张书单，带着孩子就去书店"扫荡"。这个现象反映了父母焦躁的情绪。热闹和狂欢的背后是家长和书商的各取所需罢了。显然，这样的书单已经丧失了价值和指导意义。

第二个原因是：主观性太强，辅助性价值太低。

很多书单背后都有一个指向明确的意图——卖书。我们看到的书单上的书，大多是别人希望孩子读的书，而并非孩子真正需要读的。

没有什么书是非读不可的。书单只具备辅助功能，是配料。就像孜然粉的香味再浓郁，也不能抢了牛排本身的味道。

那么，该如何挑选适合自己的书呢？

原则一：喜欢是最重要的，兴趣是前提

读书是一件愉悦的事情，是为了自己，而不是为了别人。所以，选书要符合自己的口味。如果你不感兴趣，哪怕它

是世界名著，哪怕别人说得再好，你可能也读不下去。

原则二：在有兴趣的前提下，由浅入深地阅读

在读书的过程中，有一个很有意思的现象：有的人会在某个特定的、喜欢的图书领域内阅读，由浅入深，逐渐形成自己的阅读体系。

举个例子，我的一个理工科的朋友对历史很感兴趣，于是他先从《明朝那些事儿》开始读起，然后过渡到《万历十五年》，再深入到《明史》。最近，他又买了一套《史记》在读。这就是"顺藤摸瓜"，由浅入深地阅读。在阅读的过程中，要不断开枝散叶。既有主干，又有枝叶，读书就会变成一件非常有意思的事情。

这里有一条建议：如果你想阅读某领域的图书，那么，先读该领域的科普书和有关基础知识的图书（从软柿子开始捏），如果你连科普书都读不进去，那么就放弃吧，以后再说。如果硬着头皮读下去，不仅读不懂，更严重的是，

可能造成曲解,不但无益,反而有害。

我小学的时候非常爱看《三国演义》,也翻过《红楼梦》,但一页都看不下去。但是高中的一个暑假,我再次拿起《红楼梦》,突然就被吸引住了,然后再也放不下来。随着知识和阅历的积累,你的品位和理解力也会慢慢提升。那些曾经读不进去的书,在某一天,你会忽然发现它们其实也很有意思,到那时再读也不迟。

总结

读书不必完全参照书单。现在很多给孩子推荐阅读书目的书单,形式大于内容,而且主观性太强,不是所有孩子都适合阅读书单上所列的图书。

该如何挑选适合自己的书呢? 第一个原则是,喜欢是最重要的,兴趣是前提;第二个原则是,在有兴趣的前提下,由浅入深地阅读。

如何提高听课效率？

如何提高听课效率？这是一个老生常谈的问题。

学生们每天去学校上课，会遇到各种风格的老师。有的老师上课中规中矩，有的老师上课风趣幽默……

每次问学生："你为什么上课不认真听讲呢？"学生们的反驳都振振有词："老师上课没意思，听着无聊，还不如自学好呢。"

这样的学生不在少数。老师在课堂上认真地讲课，他们在下面看其他的书、补作业、聊天或者干脆自己做练习，自己把课堂时间安排得满满的，就是不听老师讲课。

曾经有这样一个学生，他在课堂上做题，觉得老师讲课的声音太大，影响了他的思路，于是他就让老师声音小点儿。老师批评了他两句，他立马反驳道："你的课我不想听，我自己看看书就全懂了，比听你上课效率不知要高出多少倍，我是自学成才。"

这个故事听起来可能有些可笑，但是也许就发生在你身边。

实际上，决定你学业成绩最重要的因素就是：听课的效率。"听"是最重要的。

有这样一句经典的话：

上帝给了我们每个人两只耳朵、一张嘴巴，就是因为他想让我们少说多听。

听是最简便的学习途径，但又是最难掌握的学习技巧。

常见的听课问题

问题一：认为这节课很乏味

大脑是一个很神奇的器官，一旦告诉它这是一堂枯燥乏味的课，大脑马上就"不听了"。但是，大脑做出判断会受到你的情绪的影响。例如，有些学生听课带着情绪，认为老师讲的东西和自己的观点不一致，或者老师讲课不幽默、无趣，抑或是老师穿的衣服不好看，等等。总之，你的情绪控制了你的大脑。

一个优秀的听众，要带着大脑听课，而不是带着情绪听课。他会把与老师不一样的观点写下来，然后继续听讲，等到课后第一时间去问老师。

问题二：假装专心听课

有些学生在课上死死地盯着老师，然后让脑子放空、发呆，这就是假装专心听课。

这些学生看起来很认真，但实际上大脑没有思考。他们期望课后从课本中再看一遍老师上课所讲的内容。

问题三：认为听老师讲课，还不如自学

我们称这种行为叫"上课开小灶"。这种学生普遍非常自信，他们认为自己课上看书的效率比听老师讲课的效率要高，觉得自己自学也能成才。

历史上许多名人都是自学成才的，但他们自学成才是因为没有上学的条件，不得已而为之。现在的课堂已经使用了现代化的教育手段，上几十分钟的课，获得的是老师几年教学积累起来的经验。不抓紧时间竖起耳朵听，反而选择闭门造车，"没有困难创造困难也要上"，这就好比让你伐木，你不用电锯，非要用石头一下一下地砸树。你想，有这个必要吗？结果就是"聪明反被聪明误"。

所以，如果想提高听课效率，首先需要明白上课听讲的重要性。

提高听课效率的方法

方法一：一定要预习，上课带着问题听

课前预习，一般只要浏览课本的大致内容，不需要看

懂每一个知识点。遇到不会的地方，用小记号标记一下。等到正式上课的时候，老师讲的内容如果在预习时已经明白，可以一带而过。对于那些事先产生疑问的知识，则要仔细听。总之，带着问题去听课，你的效率会提高很多。

方法二：手、脑、嘴一起学

物理、化学、生物等科学课，不但要掌握理论知识，更重要的是不能纸上谈兵，要去实验室亲自完成实验。在动手实验的过程中，你会理解得更清晰、更全面。

对于语文课，不要被动地等老师把知识塞进你的脑子里。比如学古诗，老师念的时候，你也要在心里默念，一遍课文，一遍翻译，再背诵一遍。下课后，你不但理解了古诗的含义，差不多也能够背诵下来了。这样既能提高听课效率，又能减轻课后负担，一箭双雕。

最后，有一个小建议：在听讲的时候，不要总接老师的话。有些同学很喜欢接话茬儿，以博得其他同学一乐，从而在别人面前展示自己的聪明。这种做法其实非常愚蠢，不仅影响其他同学，同时也体现了这个同学缺少规则意识，哗众取宠，这样会遭到老师和同学们的反感。一旦养成了接别人的话这样的习惯，将来会因此而吃大亏。

总结

如何提高听课效率？首先需要明白上课听讲的重要性。两个提高听课效率的方法：

方法一：一定要预习，上课带着问题听。

方法二：手、脑、嘴一起学。

很多同学和家长只注重阅读能力的培养，把阅读看作未来学习成功最重要的基础。而《学习力》提道：到了今天，随着学习科目和内容的不断增加，以及视听设备用途的不断扩大，未来，学会听课、高效听讲将会是你需要具备的重要能力。

如何提高弱势科目，创建优势科目？

我曾经在新加坡游学的大巴车上遇到一个叫小玉的中学生，她问了我一个问题。这个问题非常典型，她说："我可不可以放弃学数学？"

听到这个问题，我感觉非常好奇。我问她："你为什么想放弃学数学呢？"

她说："因为我怎么学都学不好数学，而且将来考大学我想学英语专业。我的英语非常好，而且英语和数学也没太大关系，所以我就不太想学数学了。"

也许你也有相似的问题或疑惑——数学好像学了也没太大用处。确实，将来你不一定会成为数学家，但是如果你想读大学，无论国内的大学还是国外的大学，都需要参加考试。如果你少了一科的分数，在用总成绩择校的标准面前是很吃亏的。

而且，数学有助于训练逻辑思维能力，让你的大脑更加灵活。即使你未来的学习方向不涉及太复杂的数学运算，你也总需要灵活的大脑。所以，无论是为了分数，还是为了灵活的大脑，你都不应该轻易放弃数学。

说到这儿，小玉迫不及待地问我："我该怎么拯救我的数学呢？"这确实是一些同学所面临的问题，针对自己不拿手的弱势学科，该怎么办呢？下面，我就具体地讲一讲。

《学习力》中提道：

要想提升学习力，最重要的前提是转变观念。从思想上告诉自己,我有无穷的潜能。

你的确有无穷的潜能,这一点确实不假。

教育学家威廉·詹姆斯曾经说过:

大多数的学习者只开发了自身蕴藏能力的10%。可以用冰山来比喻人的能力,90%的能力都沉在水面以下未被开发,人只是运用了漂浮在水面上的10%的能力而已。

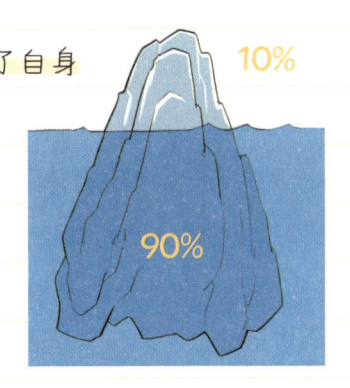

所以,你要相信自己身上有无穷的潜能,你就是一座等待开发的金矿,告诉自己学习不是一件困难的事情。一旦你有了坚定、持久的信心,你就能爆发出不可思议的能量。这就是心理学常常讲到的自我暗示。

在你相信自己有无穷潜能的基础之上,我来教你一些提高弱势学科的具体方法和经验。

首先，要想提高你的弱势学科，就要好好学习课本，这是抢救弱势学科最重要、最核心的方法。

课本是学习理论的源头，要想提高弱势学科，你就必须重视阅读和利用你的课本。

但是，很遗憾，绝大多数成绩不太理想的同学都主观地认为课本那点儿东西自己早就掌握了。结果，一遇到考试就掉链子，出现各种各样的失误，最后还把原因归咎于自己太马虎，其实并非如此。

为什么会出现这种现象？

其实老师在考试出题的时候，并不仅仅考查知识点最表层的意义，还会考查学生是否掌握了知识点背后的核心内容。一些同学只会死记硬背一些定理和公式，忽略了对知识点本质的研究，学的都是皮毛。这就导致他们对知识点的掌握仅停留在最肤浅的表层上，并没有掌握核心的内容，因此一考试就掉链子。所以，真正掌握课本知识是非常重要的。

我告诉你一个考试命题的规律：无论小学、初中还是高中，中、易、难这三个等级题目的数量比都是5∶3∶2或者3∶5∶2，基础知识占到50%左右，甚至更多。所以，你在复习的时候一定要狠抓基础。这样，你的弱势科目就会提高很多分数。

中　易　难
5∶3∶2
3∶5∶2

那么，该如何抓基础呢？

首先，要掌握课本上所有的知识点；

其次，要对重点内容进行挖掘、拓展；

最后，可以适当利用一些资料，帮助你加深对课本知识的理解。

总而言之，请你记住——以课本为主，资料为辅，千万不能本末倒置，一切辅助资料都是为课本知识服务的。

拯救弱势学科除了抓基础之外，还需要一定数量的练习。好成绩都是练出来的，就像参加体育活动一样，你必须接受一定量的训练，才能取得好成绩。

因此，做题是必不可少的一个环节，它的好处在于：

第一，可以加强对知识点的理解；

第二，可以培养思维能力和解题能力；

第三，可以提前对考试进行预热。

学习成绩比较优异的同学会自己在家里练习。如果你想提高你的弱势学科，就一定要做一定数量的习题。

这里要说明一下，我绝对不提倡搞题海战术。很多同学希望通过题海战术悟出某些做题的道理，结果题没少做，却不见成效。原因非常简单,他们根本就没有理解那些定理、公式,只是停留在机械照搬的水平上,就开始做大量的题。这样是没有任何效果的。

只是单纯地多做题,而不理解其中的知识点和解题思路,不能做到举一反三的话,下次遇到同样的题还是不会做。

做题的真正目的是锻炼思维,掌握各种各样的题型,巩固所学的知识,找出薄弱环节并加以修补。

该怎么做题?

有一个非常好的方法:选择一本适合自己的习题集,彻彻底底地将它吃透,直到烂熟于心。然后,你就能够非常从容地应对各种各样的习题了。

道理非常简单。当你认认真真做完一本习题集的时候,就已经把基础打扎实了,你就可以更好地接受新知识的挑战了。

在这个过程中，请准备好一个错题本，把自己做错的题记录下来，分析一下错误的原因，吸取教训，避免再错。经常"温故而知错"，持之以恒，成绩自然而然就会提高。

很多学习成绩比较优异的同学都有好几本错题本。

如果你不知道该选择哪种习题集，不妨让你的老师为你推荐一本，然后将它彻底吃透。慢慢地，你就会发现你的弱势科目提高了很多。

我们再来说说如何提高你的强势科目。方法非常简单，如果你想提高你的强势科目，你可以提高对自己的要求，增加学习的难度，或者缩短完成习题的时间，还可以参加一些相关比赛。

对于自己强势的学科，千万不要掉以轻心，绝对不可以荒废练功。

总结

我想重申一遍,这个世界是由信心创造出来的,每个人都有无穷无尽的潜能,告诉自己学习不是一件多么困难的事情。一旦有了坚定、持久的信心,你就能爆发出不可思议的、惊人的潜力。

如何利用分数的正向反馈建立良性循环？

每次期末考试后，都会有学生问我同一个问题：

"老师，我已经非常用功读书了，也尽心尽力地准备考试了，却始终得不到理想的成绩。现在，我对学习越来越没兴趣，越来越没信心了。请问，我该怎么办呢？"

这个问题其实很普遍。许多学生在不同的学习阶段，难免会遇到挫折。但是仔细分析一下就会发现，挫折的源头大多不是学习本身，而是考卷上的分数。

要想解决这个问题，我们需要回到问题的根本。

分数到底是什么？该如何认识分数？

不得不承认，分数确实很重要。有一句话叫"分分分，学生的命根"，不管你是在哪里读书，读的是小学还是大学，分数确实都很重要，这一点我们不能否认。进入哈佛等名校的学生，哪一个不是成绩出色的呢？追求考试高分，是每一个学生都会做的事，这无可厚非。

分数是有价值的。它是学习的成果，也是学习的珍贵报酬，是获得自信心、不断激励自己学习的重要动力来源。我们不能否认分数所具有的价值。

但是，也不必太过计较分数的高低。你要对分数有一个正确的认识：分数就是对当前学习状态与成效的评价。

一份考卷，如果你得了100分，代表你答对了考卷上全部的题目，但并不意味着考卷以外的题目你也一定都会。如果你得了零分，代表你答错了考卷上的所有题目，但并不意味着考卷以外的题目你都不会。仅此而已。

分数的高低，只能评判你对这份考卷的内容到底懂了多少。你可能会的很多，但是运气不好，试卷上的题目都不在你会的范围内；你可能会的不多，也没认真复习，但是这次考试运气特别好，刚好每道题目都在你会的范围内。所以，一次考试是否真能检验出你真正的实力，与出题的形式、技巧有很大的关系。

在对分数有了正确认识的基础上，我们还要学会利用分数的正向反馈。

什么是正向反馈呢？

当你将个人的精力和时间付诸某个科目的时候，当然会殷切地期望看到自己获得回报。你获得的回报越多，你就越会积极地投入更多精力和时间，以期下次获得更多的回报和满足感。这就是分数的正向反馈，分数会推动你不断向前。

你需要善用分数的正向反馈，这是自我激励的有效策略。

那么，如果考试考砸了，又该如何获得分数的正向反馈呢？有以下几种方法。

方法一：分析每次考试失败的原因

在通常情况下，如果在考试中遭受了挫折，你要主动寻找导致失败的原因。

《学习力》中，将原因分为两种：

外部原因

一部分同学可能把失败的原因归为某些外部因素，这些因素自己无法控制。例如，老师教得不好，学习环境太差，运气不好，等等。一般而言，把自己考试的成功或失败归于外部原因，容易形成消极、依赖、侥幸的心理，最后会产生听天由命、得过且过，甚至绝望的感觉。

内部原因

例如，自己的努力程度不够，贪玩，没认真学习，基础知识不牢固，等等。

失败的原因

外部原因
- 老师教得不好
- 学习环境太差
- 运气不好
- ……

内部原因
- 自己的努力程度不够
- 贪玩
- 没认真学习
- 基础知识不牢固
- ……

一些学生在考试考砸了以后会说:"我上课根本没有听讲。""我考试之前一点儿也没有复习。"还会再加上一句:"你那么用功,怎么才比我多这么一点分数!"你是不是这样的同学?或者,周围有没有这样的同学?

从表面上看，这些同学有些虚荣。但实际上，这种态度反而是一种不错的态度，说明他们没有完全丧失自信心和自尊心。如果他们把失败的原因归为自己"太笨""不是读书的料""永远学不好"等，那才是最要命的。这说明他们对自己的学习根本就没有挫败感，也没有认识到自己在学习中的问题。

想从分数中获得正向反馈，你首先需要从内部分析自己失败的原因。如果你不能从自身找原因，不能从自己可以控制的原因开始改变，你就会成为一个可怜的失败者。

方法二：记录失败经验，反省原因

人类是一种具有惯性的动物，如果不主动改变既有的行为模式或思考方法，同样的错误往往会一而再，再而三地出现。

考试失败的时候，当你情绪的恢复平稳后，应该做读书日记，将学习的经历、每次考试的分数与名次、自己的情绪反应等，详实地记录下来。这样不仅可以抒发情绪，这份记录更是日后参考的重要依据。更重要的是对失败的经验应仔细检讨原因，思考问题的关键所在。究竟是准备的时间不足，还是学习方法不当？到底是什么原因导致自己表现不佳？这些都需要你自行斟酌判断，让自己成为自我治疗的最佳医生。

方法三：随时自我提醒

人是健忘的动物，越不愉快的经验，忘得越快。这次考试失败了，下次考试你有什么目标呢？你可以在白纸上写上自己的目标，贴在书桌旁、镜子上或床头，随时提醒自己向这个目标努力。

总结

分数是学习成果的体现。当你的努力获得了合理的分数回报时，你就会想积极地投入更多心力。如此良性循环，逐渐地，你学习起来就会更加快乐，你会更有干劲，最终成为校园里的学习达人。

如何用提问刺激思考？

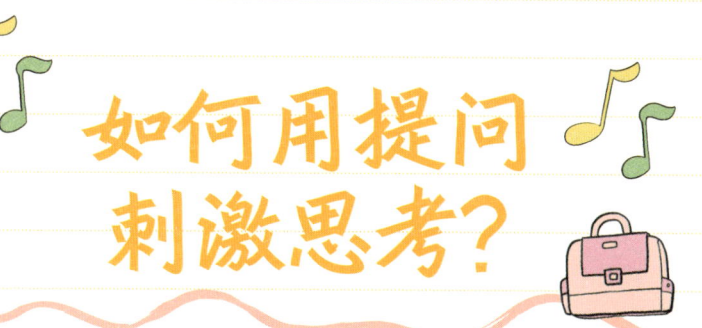

提问能力是学习力中的万能之力。提问是刺激思考的重要技巧。如果你不会提问，就相当于放弃了主动思考的权利。

关于提问，在《学习力》中有这样的描述：

一个总是能提出问题的人，是一个活着的人。而一个不再提问的人，是一个活着的死人。

这句话说得非常重，却能看出哈佛大学对学生提问能力的重视程度。

那么，该如何培养自己的提问能力呢？

要点一：想具备提问能力，首先必须有好奇心

对未知事物的好奇心是一流的学习者必须具备的。

我曾经分别在小学和初中的班上对学生说："觉得自己好奇心强的人请举手。"一个明显的现象是：小学生都把手举得高高的，举手的人数远远多于初中生。部分初中生怀疑自己缺乏好奇心，这个现象值得思考。

其实，好奇心是每个人与生俱来的。相信你小的时候也曾目不转睛地观察过一棵植物的生长，或者呆呆地蹲在树下观察一群蚂蚁搬运动物的尸体。你童年时最大的渴望

就是探索令你好奇的世界，恨不得看到任何一件新鲜事物都要问一个"为什么"。

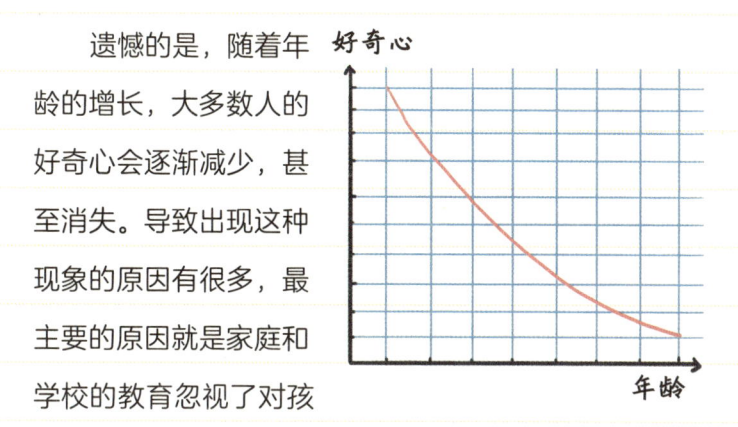

遗憾的是，随着年龄的增长，大多数人的好奇心会逐渐减少，甚至消失。导致出现这种现象的原因有很多，最主要的原因就是家庭和学校的教育忽视了对孩子提问能力的培养，让孩子开始被动地接受知识，并产生依赖思想。

有成就的人和平庸的人一个明显的区别就是，他们不仅在儿童时代就具有超常的好奇心，而且他们能将童年时期的好奇心一直保持到成年时期。他们的好奇心不仅没有减少，反而升华了。关于好奇心的例子有很多，如爱迪生、斯皮尔伯格、爱因斯坦、达·芬奇、毕加索、牛顿、居里夫人等人都具有强烈的好奇心。

要点二：在保持好奇心的基础上，我有以下几个建议

建议一：课后第一时间提问，尽量不要隔夜

在课堂上，你的注意力高度集中，大脑处于兴奋状态，求知欲十分强烈。课后，只需要老师一点拨，你的问题就能迎刃而解。如果你拖延几天后再去提问，尽管你依然可以得到相同的知识，但是你的大脑已经过了兴奋点，学习的感觉就完全不一样了，效果当然差别很大。

在向老师提问时，你要掌握一个技巧：提问越清晰，老师的回答越明确；问得越明白，老师的回答越有针对性。

建议二：心中随时存有疑问

你可以经常问自己下面两个问题。

第一个问题是：为什么会这样？

问"为什么"是提问的基本技巧。例如：人们都认为天空是蓝色的，而我们除了欣赏美丽的蓝天，也应该问一

问天空为什么是蓝的；大家都知道地球是圆的，我们则要问一问地球为什么是圆的。

对于周围的任何现象，你都应该保持一颗好奇心，经常问一句"为什么"。当你反复思考提问的内容后，许多原本模糊的概念就会变得更清楚、透彻。

第二个问题是：为什么不是这样？

"为什么不是这样"是提问的另一项重要技巧。例如，我们可以问：天空为什么不是黑色的？地球为什么不是方的？海水为什么不是甜的？

这些乍听之下像天方夜谭的问题，能让我们的大脑变得更灵活，让概念变得更清晰。我们经常说的批判性思维，就是这个意思，就是对知识要有质疑精神。

建议三：尝试通过不同的途径获取知识

刺激思考的最佳方式是提问，而提问的对象可以包括自己、朋友、同学、老师、父母、专家等。

当你遇到问题时，应该先问问自己，在你已经尽了最大努力思考，仍觉得毫无头绪时，再去请教其他人。我鼓励大家提问，但前提是，提出问题的时候，自己首先要思考一下。思考问题的过程中，如果你发现有些知识不明白、缺乏足够的信息，可以针对不清楚的地方加强学习，收集资料，然后再次思考。

同一个问题，这周思考和下周再思考，结果可能是完全不同的。可能上周你还不明白，过了一周之后，你就突然顿悟了。所以，请给自己一点时间，多思考。

思考问题

提出问题 → 思考 → 得出答案

加强学习
收集材料

如果你还没深入地思考，就着急忙慌地去问别人，这其实就是为了获得答案而提问。这样就会导致你问得含含糊糊，就算别人告诉你答案了，你也很快就会忘记。所以，你要在提问之前，先把思路梳理清晰，思考过后再提问。

总结

如何通过提问刺激思考？

首先，必须保持好奇心。

其次，在怀有好奇心的基础上，还要注意：第一时间提问，尽量不要隔夜；心中随时存有疑问；尝试通过不同的途径获取知识。

好奇心是开启成功之门的钥匙。

最后，请你记住：问问题不丢人，不懂装懂才丢人。

> 创新思维

为什么在哈佛唯一不变的就是"变"?

在《学习力》中,学习力被分成了六大方面,包括学习态度、学习动力、学习方法、学习效率、创新思维和创造能力。前面我们已经深入地学习了学习态度、学习动力、学习方法和学习效率四大板块。接下来,我来说一说创新思维。

在有些同学看来,创新思维似乎与学习没有太大关系。他们认为只要记住老师教的知识就足够了,别的东西考试也不考,并不重要。但是,请注意,这其实是一个思维误区。俗话说:不破不立。下面,我要先打破你的固有想法,再帮你一步步树立新的思维模式。

为什么说创新思维很重要呢?

如果你每天只是在教室里被动地接受老师讲的知识，然后将这些知识机械地记录下来，课后再背下来，你将永远不会成为一名用创新思维进行独立思考的学习者。最终，你会成为一名学习的奴隶。这将是你奋斗在21世纪最大的隐患。

在一次哈佛校长论坛上，哈佛前校长鲁登斯坦曾经这样说道："为了帮助学生学会学习，我们要做的不仅是教给学生知识和学习方法，还要培养他们的创新思维，让他们能发现和产生新知识。"哈佛大学有一句经典格言："创新思维是学习力中最具生命力和竞争力的品质。"

> 为了帮助学生学会学习，我们要做的不仅是教给学生知识和学习方法，还要培养他们的创新思维，让他们能发现和产生新知识。

那么，该如何培养自己的创新思维呢？

要点一：培养创新思维，必须克服思维定式

据说，普林斯顿大学数学系毕业生阿普顿曾经和大发明家爱迪生一起工作。有一天，爱迪生让阿普顿算一下一只灯泡的容积。阿普顿拿过灯泡看了又看，心想：这只灯泡形状不规则呀，怎么测量呢？他用尺子量了又量，算式写了满满几页纸，还是没能算出结果。

爱迪生拿过灯泡，想了想，往里面灌满了水，然后递给阿普顿说："把这些水倒进量杯吧！"阿普顿马上就明白了，这是个简单又准确的方法。

爱迪生之所以伟大，就是因为他能够不断突破思维定式的束缚，以独特的创新思维思考问题。爱迪生在发明电灯时经历了 1000 次失败，但每次失败后，他都只是淡淡地说："我又发现了一种不能做电灯的方法。"

学习就需要爱迪生这种态度。这条路行不通，没有关

系，换一条路试试，总有一条路行得通。从前，人们认为人类绝无可能飞上天，因为我们没有像鸟一样的翅膀。但换个角度思考，为什么人类一定要有翅膀才能飞上天呢？于是，飞机实现了人类想飞的梦想。

学习者容易犯的一个错误是：躲在前人的绿荫下，不敢越雷池半步。在知识快速更新的今天，这种学习方式显然要被淘汰。

在学习中运用创新思维，就是在学习和解决问题的过程中，不拘泥于前人的经验和常识，开辟新的道路，寻找新的突破点，换一个角度思考，因为解决问题或达到目标的途径不止一种。

要点二：培养创新思维，就要进行发散性思考

有一个大家耳熟能详的故事：一只乌鸦想喝水，它看到一只瓶子里装有水，但水不满，瓶口又小，自己的脑袋伸不进去。怎么办呢？这只乌鸦看到瓶子旁边堆放着许多小石子，就把这些石子一粒粒地叼进瓶子里，让水位慢慢

升高，于是便喝到了水。通过这个故事，你可以加深对发散思维的理解。乌鸦的目的是要解决喝水的问题，将石子叼进瓶子，表面看似乎与喝水无关，但这样做使水位升高了，喝水的问题自然而然就得到了解决。这就是发散思维的妙处。

你在学习的过程中，可能也会遇到这种情况，别总是采取正面进攻的方法一味蛮干，而要学会运用发散思维，用意想不到的方法，轻而易举地解决问题。

要点三：培养创新思维，要有问题意识

问题意识的典型例子是牛顿发现万有引力，他发现万有引力是受苹果落地这一现象的启发。苹果落地无数人见过，但没有人把它当成一个问题来思考，只有牛顿受到了启发，从

而发现了改变整个世界的万有引力定律。其实，牛顿、爱因斯坦、居里夫人等伟大的科学家有一个共同点，就是具有很强的问题意识，不被已有的经验和权威的结论所迷惑，能够从不起眼的现象中找到创新的"种子"。

总结

创新思维是学习力中最具生命力和竞争力的品质。该如何培养创新思维呢？

必须克服思维定式，进行发散性思考，还要有问题意识。

在哈佛有一句名言：

<u>唯一不变的就是"变"。</u>

请你记住：学习并不是机械的记忆。你要敢于质疑权威、质疑经验，克服思维定式，培养问题意识，不要让自己成为一个看起来很充实，实际上很迷茫的学习者。

如何达到学习的最高境界?

创造能力

《学习力》一书，将学习分成了三个层次：

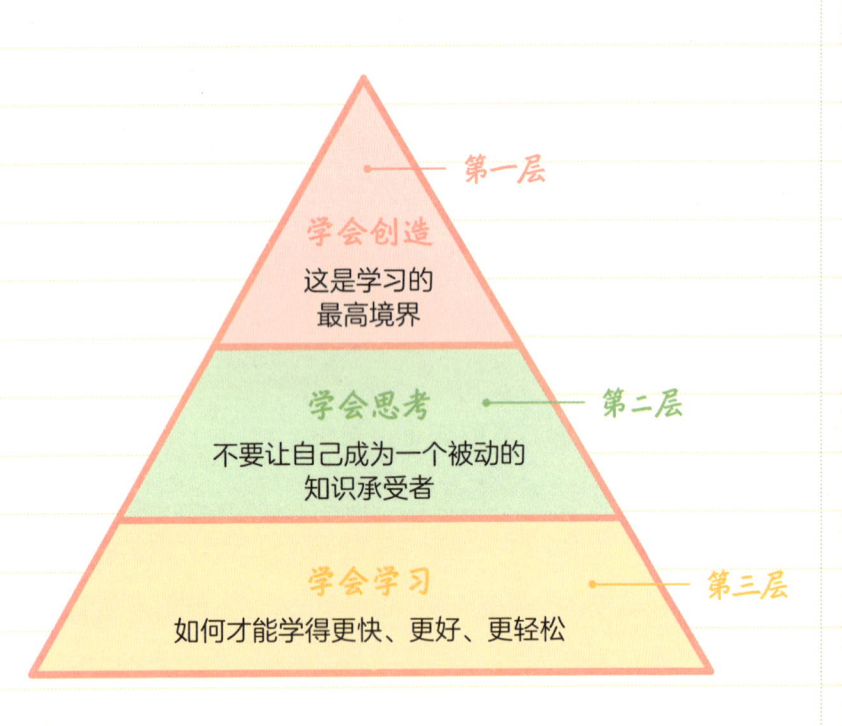

第一层 — 学会创造
这是学习的最高境界

第二层 — 学会思考
不要让自己成为一个被动的知识承受者

第三层 — 学会学习
如何才能学得更快、更好、更轻松

从这三个层次中，你可以看到，学会创造才是学习的最高境界。

学习的一个重要目标，就是使自己达到这种境界。你的格局要足够大。如果你的学习只停留在被动地接受知识这一层面，而不会创造，那么即便你掌握了再多的知识，你的学习仍是低层次的。

哈佛大学在挑选新生的时候，格外注重学生是否具有创造力。正是由于这个筛选标准，哈佛大学几乎毫不间断地创造着一个又一个奇迹，培养了无数诺贝尔奖、普利策新闻奖、美国国家科学奖等奖项的获得者。即使在从哈佛退学的学生中，也有许多杰出的人才，如大发明家波尼·莱特，他是继爱迪生之后美国最出名的发明家，还有大家都知道的比尔·盖茨。

哈佛大学有一个区分人才的标准："是否具有创造力，是一流人才和三流人才的分水岭。"只有具有创造力的人才真正具备学习力。

那么，要如何培养自己的创造力呢？

在《学习力》中提到了一个重要的前提条件——否定传统教育的"仓库理论"。

这种理论认为：人的头脑像仓库，教育就是用知识填满仓库。

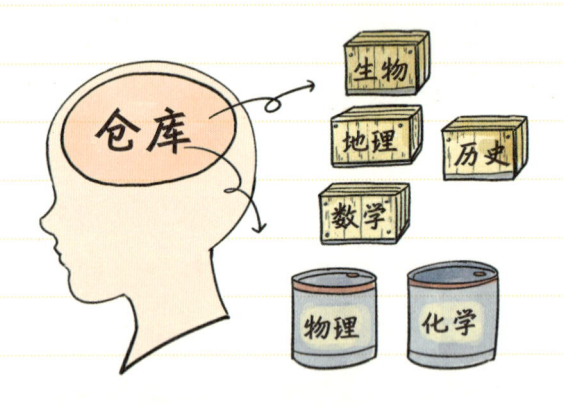

换个比喻就是，教育是装满一桶水。学生就像一个水桶，教育就是用知识装满学生这个水桶的过程。老师一勺一勺地往水桶里灌水，学生最好不能有短板，否则就会有水漏出去。

这种理论造成的恶果就是学生一味地追求知识储备，

造成了大脑功能发展不平衡,严重影响了创造能力的发展。

请你明白,你接受教育的目的之一,是要发现自己在某个领域的特长,点燃内心的一把火,让自己能够充满自信和激情地面对当下和未来。你接受教育,不是为了让自己成为一个被动的知识承受者、一个知识的奴隶。

下面,和你分享《学习力》中的两个创造技法。所谓创造技法,就是发明家在实践中总结出来的、具有规律性的、开展创新活动的原理、技巧和方法。一旦你掌握了创造技法,就可以像科学家、发明家一样,进入创造发明的自由天地,你的创造力会飞速提升。

创造技法一:重新组合法

迈克尔·米哈尔科在《创新精神:创造性天才的秘密》一书中说:

天才就像满脑子都是拼装积木的儿童,他不断把一些想法、形象和其他各种思想进行组合和再组合。

如果能把一个个想法组合起来，你将会获得更多、更好的想法。达·芬奇的许多旷世之作，也是运用了组合法的成果。有一种说法，说达·芬奇在创作画像《蒙娜丽莎》之前，平时就留意许多美丽的面孔，仔细观察这些面孔的最美部位，观察它们的细微差别。所以在创作《蒙娜丽莎》的时候，他能将平时观察到的这些美丽的面孔中最美的部分进行有机组合，最终创作出了世界上最著名的人物画像之一。

组合法是一个非常适合进行创造力培养的方法。组合可以分为以下几类。

第一类：物体与物体直接组合，就可以创造出新的产品

比如：汽车与大炮组合，得到了坦克；手机和照相机组合，得到了能照相的手机；手表和电话组合，得到了电话手表；等等。

第二类：将科学技术同各种方法组合，可以形成解决问题的新方法

比如，将超声波同各种方法组合，形成了超声波焊接法、超声波研磨法、超声波测量法、超声波理疗法、超声波洗涤法等。又如，将不同领域的科学技术与导航方法组合，形成了无线电导航、红外线导航、卫星导航、天文导航、地磁导航、程序控制导航等。

第三类：用添加附属物的方法创造出新的产品

比如：在食盐里加碘，成为加碘盐，可以预防甲状腺肿大；在电视、电扇、空调上安装遥控电路，成为具有遥控功能的新产品；等等。

第四类：将同一事物通过数量上的增加，使它获取新功能或者产生新的意义

比如，将两件衬衣装在一个礼品盒中，成为象征爱情的情侣衫。又如，母子灯、双层客车、四管火炮、八缸内燃机等，都是同物组合创造出的新发明。

在日常生活中，你可以多做一些组合训练，潜移默化

地训练大脑的灵活度。

创造技法二：缺点逆用法

莎士比亚有句名言：

事情没有好与坏，关键在于你如何看待。

这句话蕴含着这样一个道理：如果你能充分发挥自身的创造力，坏事也不是不可能变成好事。

如何逆用缺点呢？

举个例子，地震常常给人类带来巨大的灾难，但科学家们采用缺点逆用法，反而可以利用地震波了解地球内部的结构。背后的原理是：地震波由震源发出后，通过介质向各个方向传播，并且还会发生反射、折射和散射。地震波能够穿透地球内部，根据地震波的特点，科学家通过分析地震波的信号，对下岩层的结构、深度、形态等做出分析与推断，为以后的钻探工作提供准确的依据。

缺点逆用法告诉我们：有些看起来没用的东西，其实是非常有价值的，或者经过加工改造就可以变为有用的东西。

有一名漫画家生活拮据，画具少得可怜，橡皮只有一小块。有一天作画时，漫画家不小心出现了失误，要用橡皮把错误的地方擦掉。他找了好久才找到橡皮，然后又找不到铅笔了，这使他非常生气。于是，他产生了一个念头——为什么不能有一支既能作画又带有橡皮的铅笔呢？

最终，他找到了解决的办法，用一块薄铁皮把橡皮和铅笔捆在一起。后来，这个不起眼的发明专利被铅笔工厂买走，漫画家因此而获得了55万美元。这就是用缺点来发现问题、解决问题的一个典型的例子。

此外，自动折叠伞的发明也是如此。当时，人们使用的折叠伞必须用手折叠后才能收好，使用起来相当麻烦。一个叫劳伦的年轻人注意到了这一点，他就开始研究这种伞的缺点。

不久，他便设计出将小弹簧安装在伞把上的自动折叠伞。这项设计申请专利后，劳伦得到了上百万美元。而这一切，却是从原来折叠伞的缺点中得到的。

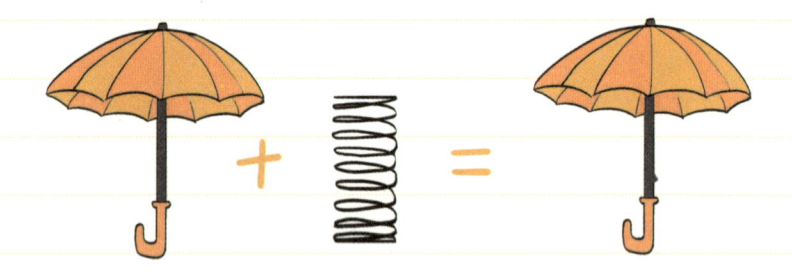

通过上面的例子，你一定对如何使坏事变成好事有了更深刻的理解。其实，如果你在遇到问题的时候，告诉自己"事情没有好与坏，关键在于你如何看待"，可能你就会有"柳暗花明又一村"的启发。这也是积极心理学的重要部分。

总结

首先,天才之所以是天才,是因为他们比那些仅仅有天赋的人构建了更多的新奇组合。只要你有扎实的知识,再加上神奇的创新思维,你就可以将那些平凡的事物创造成具有更高价值的东西。

其次,事情没有绝对的好与坏之分,关键在于你如何看待。面对事物的缺点,如果能充分发挥自身的创造力,坏事也不是不可能变成好事的。

最后,请你记住,学会创造才是学习的最高境界,不要成为一名只知道被动接受知识的"奴隶"。

学习态度

送给未来学习道路上的你的三句忠告

关于《学习力》的六大方面——学习态度、学习动力、学习方法、学习效率、创新思维和创造能力，我们已经一一进行了解读、案例分析和方法介绍，希望能够帮助你拓展对学习的认知，建立一个大的学习格局。

下面，我想送给未来学业道路上的你三句忠告，希望这些忠告能够在你迷茫的时候帮到你。

忠告一：停止抱怨

在本章第4节"究竟什么是哈佛学习定律？"中，我曾给你解密哈佛大学的学习定律：W=X+Y+Z。W是成功，X是勤奋，Y是正确的方法，Z是少说废话（停止抱怨）。所以哈佛的学习定律就是：成功＝勤奋＋正确的方法＋少说废话（停止抱怨）。从这个公式中可以看出，"停止抱怨，少说废话"是一个人学习力的重要组成部分。

有一个小故事：很久以前，两个秀才一同进京赶考，刚上路就遇到了一支抬着棺材的出殡队伍。

甲秀才觉得非常晦气，抱怨道："真该死，碰到这种事情，考试一定完蛋了。"结果，他果然名落孙山。

乙秀才觉得这是个好兆头，"棺材棺材，有官有财"。等到了考场上，他神清气爽、文思泉涌，果然高中榜首。

这个小故事说明了一个道理：抱怨的人喜欢负面思考。他们把自己的不幸归于天、归于地，甚至归于命运。

我想告诉你的是：你的想法决定着你看到怎样的世界，你看到的世界决定着你的世界观。

同样的事情，如果你总是消极看待、负面思考，长此以往，不仅会埋没你的潜能，更严重的是，你还会被痛苦和失意缠身。抱怨会形成恶性循环，不断扩散。你会不敢正视自己，选择逃避。你会以弱者的眼光看待一切。而越是懦弱的人，越爱唠叨和抱怨。

接受马拉松训练的过程非常艰苦，教练安排的一系列练习让我感觉快要窒息了。一开始，我也会抱怨几句，但是后来我发现抱怨没有任何意义，顶多是暂时发泄一下情绪，还会让教练觉得我是一个婆婆妈妈的人。结果，我不仅什么也得不到，还会影响训练的情绪。所以，我开始积极地调整心态，停止抱怨。我开始畅想自己完成整个马拉松后的样子，以及自己健壮、帅气的样子。我要做的就是专注地做好每一个动作，让每一组训练都达到最好的效果。

希望你也能够停止抱怨，不要总为失败找借口，编造各种理由来掩饰自己的错误和懦弱。要积极地思考、行动，以正面、积极的心态去面对问题。记住：只有懦弱的人才会不停地抱怨。

忠告二：任何事情都没有捷径可走

上初中的时候，我的同桌是英语课代表，而我的英语很不好。为了同他比拼，我下定决心要好好学英语。我总觉得我英语学得差是因为没有开窍，一定有什么方法可以让我快速开窍。于是，我一头扎进了书店，买了一大堆英语书。我相信，一定有一本神奇的英语书可以让我醍醐灌顶，以火箭般的速度超越其他人。

我买了《7天搞定英语语法》《21天轻松搞定英语词汇》《3个月听懂VOA英语》《单词快速记忆法》《这样记单词最省力》等一大堆英语工具书。我心想，有了这些书，最多一个学期，我就可以成为英语学霸了。

所以，当同桌背词典的时候，我在研究怎么记单词最省力；当同桌练听力的时候，我在研究学英语的创新听力方法；当同桌背英文文章的时候，我在研究如何轻松地掌握英语语法。一个学期过去了，同桌的英语成绩是年级第一，我的英语成绩几乎还在原地踏步。我看了那么多技巧书，也没有学好英语。更糟糕的是，我的心态坏了，有了一种轻浮的、好高骛远的心态。

就此事，我曾做过深入的自我反思——不管做什么事，都没有捷径可走。我希望你能够尽早明白这个道理。相信有捷径可走的人，往往都抱着侥幸的心理。他们失败的时候，经常抱怨运气太差。但是，学习不是博彩，想走歪路，捞偏门，结果一定事与愿违，竹篮打水一场空，更严重的后果是心态彻底坏了。

所以，如果你想找到学习上的捷径，那么我告诉你，通往成功的唯一捷径就是勤奋、再勤奋。就算你是天才，如果不努力也会变得碌碌无为，这样的例子数不胜数。我再强调一遍哈佛的学习定律：成功＝勤奋＋正确的方法＋少说废话（停止抱怨）。其中，勤奋是第一要素。

学习就是一个悖论：快了就是慢了，慢了就是快了。最笨的方法，往往是最聪明的方法。想走捷径的人，到最后往往会发现，自以为走了捷径，其实反而是绕了大圈子。而那些踏踏实实向上攀登的人，早就站在终点了。功夫到了，一通百通，这就是真正的捷径。

忠告三：永远独立思考

哈佛学生有三个特点
- 富有创造性。
- 拥有广泛的兴趣。
- 具有独立思考的能力。

其中，独立思考的能力最为重要。

孔夫子曾经说过：

学而不思则罔，思而不学则殆。

这句话的意思是：一味读书而不思考，就会因为不能深刻理解书本的知识而陷入迷茫；而如果一味空想，不实实在在地去学习，则终究是沙上建楼，摇摇欲坠。对此，我深以为然，孔夫子对于思考和学习的关系表达得如此清晰，他告诫我们，要把学习和思考结合起来。

所以，要学习，也要思考，更要独立思考。独立思考，并不是让你闭门造车。独立思考，也并不意味着一定要和别人唱反调、对着干。

真正的独立思考精神

既注重自己的经验和知识，又不断反思、质疑；
既克服思想上的唯命是从，又绝不唯我独尊。

成功者往往都是善于思考的人，他们成就的伟大事业建立在他们出色的思考力之上。

我希望你能养成独立思考的习惯，不要人云亦云。跟风、随大流确实是最简单也最安全的方式，但这等于放弃了锻炼大脑的机会。脑袋是自己的，要让自己的脑袋更灵活，就要积极用"自己"的脑袋去思考，凡事应该有自己的主张与看法。

总结

　　停止抱怨，任何事情都没有捷径可走，永远独立思考，这是我送给未来学业道路上的你的三句忠告，希望你能有所触动与感悟。

　　最后，也希望你在读完本书后，能够走出学习困境，充分享受学习的乐趣，从小开始培养健全的学习力，最终成为一个具有哈佛气质的终生学习型人才。

第②章
斯坦福学霸高效笔记

为什么要记笔记?
记笔记的原则是什么?

说到记笔记,你一定不会陌生。从小到大,你的爸爸妈妈和老师肯定经常在你的耳边唠叨:"上课的时候一定要认真记笔记哦!"

那么,你有没有想过,为什么我们要记笔记?笔记真的那么重要吗?

这个问题让我想起了一个人。科学史上,有一位非常重要的科学家,他就是被誉为"电学之父"的法拉第。他还是伟大的教育学家,爱迪生、焦耳、麦克斯韦等很多科学家,都曾经深受他的影响。

法拉第小时候家里很穷,他的爸爸是个铁匠,却要养活九个小孩,全家人连饭都经常吃不饱,怎么可能有钱让法拉第读书呢?所以,法拉第虽然很爱读书,但他读完小学就出来工作了,成了一名装订书籍的工人。

在法拉第生活的那个时代,书是要工人手工装订的。那么,法拉第为什么要选择这份工作呢?聪明的你一定猜到了,没错,法拉第想趁着在工厂里装订书的机会,拿一些书来看。工厂的老板见到法拉第如此好学,十分感动,有时也会将一些装订后剩余的书送给他。这些书涉及的范围非常广泛,从艺术到科学,甚至还有讨论如何治疗爱尔兰猪的关节炎等五花八门的内容。

对法拉第影响最大的,是一本名为《悟性的提升》的书。在这本书中,作者分享了很多有效的读书方法,并且强烈建议读者读书时应该做笔记。认真的法拉第立即身体力行,准备了一本笔记本,还给它起了个名字叫《哲思杂录》。

他开始尝试随时记录自己阅读过的重点,并且以自己的口吻去复述书中的精髓，留下自己的读书心得。正因为有了这个时常记笔记的好习惯，只有小学学历的法拉第靠着自学累积了大量的知识，为日后成为伟大的科学家奠定了非常重要的基础。

法拉第19岁那年，因缘际会之下竟然得到了一个重新读书的好机会。有一天，他在街上看到一则广告。广告说，一个有名的科学家开了一个科学教室，每周会上一堂有关科学的课，法拉第就立即向他的哥哥借钱参加。

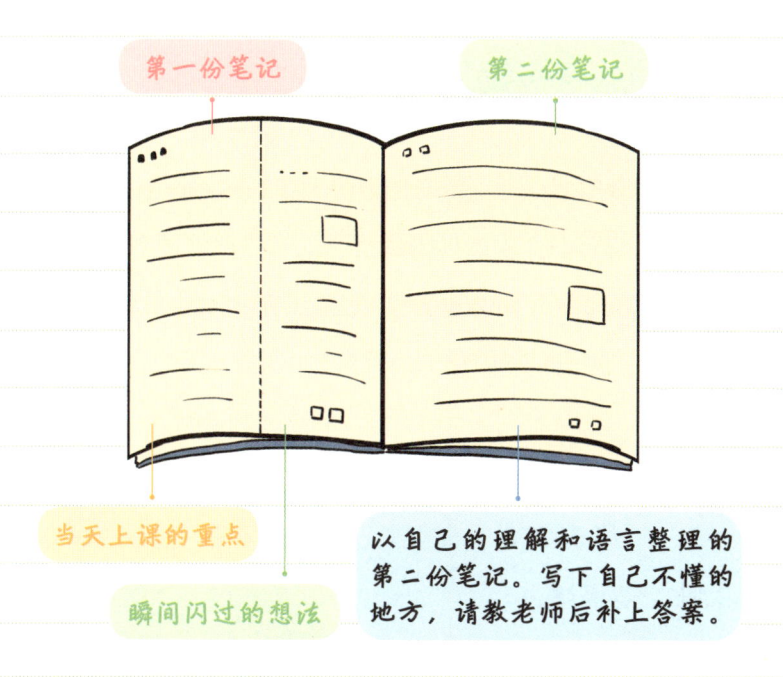

第一份笔记

第二份笔记

当天上课的重点

瞬间闪过的想法

以自己的理解和语言整理的第二份笔记。写下自己不懂的地方，请教老师后补上答案。

法拉第知道，对于一个铁匠的儿子来说，这或许是最后的读书机会。所以，法拉第非常珍惜，每堂课都会认真地做笔记。但是，他并不是简单地把老师说的话记下来而已。因为有了之前在装订厂读书的经验，每次上课时，法拉第都会把笔记本的纸对折，左边记录当天上课的重点，右边写下瞬间闪过的想法。而且，这只是第一份笔记。

　　下课之后，他还会趁着记忆犹新之际，再将这份笔记以自己的理解和语言整理一遍，并且写下自己不懂的地方，等下次上课请教老师后，再将答案补上去，这就成了他的第二份笔记。这就是法拉第独特的笔记学习术。

　　这样做笔记，不仅帮助他将课上学到的知识融会贯通，变成自己的知识，还让他得到了当时著名化学家戴维的欣赏，为他争取到了进入皇家实验室工作的机会。自此，他正式开启了通向科学殿堂的大门。

　　法拉第的故事告诉我们，做笔记真的很重要。正确的做笔记方法能够帮助你建立自己的知识体系，让你的学习和成长终身受益。

我在斯坦福大学留学的时候，发现很多学霸都很擅长做笔记。所以，在接下来的内容中，我会从日常做笔记时常常会碰到的一些问题入手，把我的经验和好的方法，用最通俗易懂的方式分享给你。希望你掌握更加有效和科学的笔记整理术，从而学得更轻松，建立一个只属于你的个人知识库。

下面，我们先从最常见的一个问题开始。我以前在学校里检查学生笔记的时候，发现有的同学的笔记非常潦草，写得龙飞凤舞。有时，我指着一个字问这是什么字的时候，有的同学甚至自己都认不出来。

那么，写得工整、漂亮的笔记就是好笔记吗？

应该如何记笔记呢？有以下三个原则。

原则一：适当留白

笔记不是写得越满越好。当你在记笔记的时候，千万不要一开始就把整个笔记本写得密密麻麻的，一点儿空间都不留。

第一次记笔记的时候,你可以只利用一页纸的三分之二,其余三分之一空着。

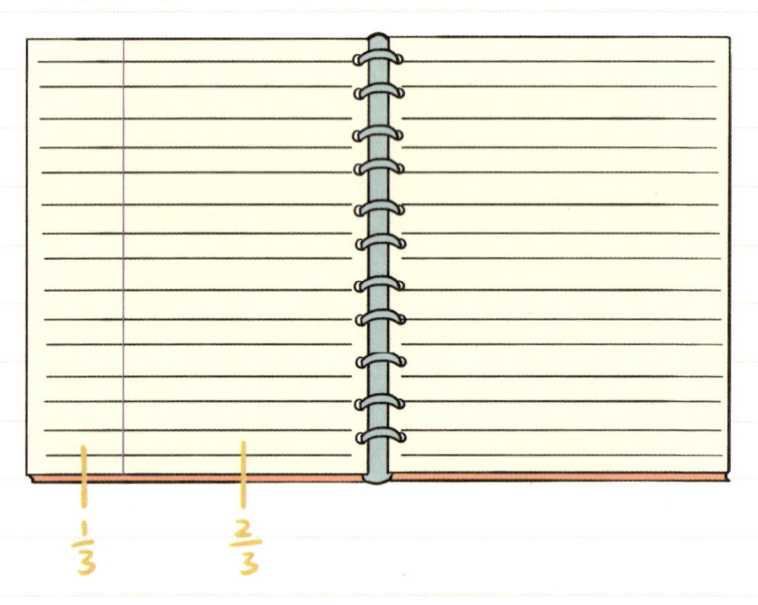

$\frac{1}{3}$ $\frac{2}{3}$

这样做的好处

看起来舒服

方便日后补充和延伸

这样做的好处有两个:一是从视觉上看起来比较舒服,不会显得密密麻麻的;二是方便你日后对笔记的内容进行补充和延伸。

比如，当你复习的时候，可能需要在原有的笔记上补充一些相关的学习资料，或者可能会将一些常犯的错误及其正确的解法补充在原有笔记的旁边。这时，如果笔记没有适当留白，你就得在笔记本中另外找一个地方写。这样非常不方便，也会让整个笔记显得凌乱。

原则二：区分段落

做笔记其实跟写作文差不多。写作文的时候，如果不分段，看的人会很头疼。做笔记也是一个道理。笔记的重点不在于记，而在于看。你辛苦记了半天笔记，日后拿出来看的时候，完全看不懂或者看不到重点，岂不是一件很可惜的事情？

所以，你在做笔记的过程中也要学会分段。每次开始一个新主题的时候就另起一段，甚至还可以像写作文一样段首空两格，方便你看清楚不同段落的位置，从而更快地找到重点。

留白和分段这两个原则，完全可以放在一起使用。比如，著名的"康奈尔笔记法"就完美地融合了这两个原则。什么是"康奈尔笔记法"呢？这种笔记法来自美国常青藤名校康奈尔大学，所以被命名为"康奈尔笔记法"。这种笔记法在美国十分流行，你甚至还可以买到专门使用这种方法的笔记本。下面是一张康奈尔笔记法的参考图片。

在这张图片上，你可以观察到，整张纸被分成了三个部分。纸张上部左侧四分之一处为"关键词栏"，你可以在此处写关键词。纸张上部右侧四分之三处是"笔记记录栏"，你可以将课堂笔记记录在这里。因为一般人写字的速度会比老师讲课的速度慢，所以上课时，你可以先写下一些关键字，下课后，再在"笔记记录栏"里将课堂的重点内容补充完整。

这样做可以帮助你巩固、加强对上课内容的印象，这份笔记还可以作为复习时有效掌握重点内容的大纲。

在这张纸的下部还有一栏，叫"总结概要栏"。在这里，你可以用一两句话总结这一页记录的内容，也可以记录一些问题和常见错误，日后再来补充正确的解答。

康奈尔笔记法

关键词栏

◎ 主要想法
◎ 结合要点提出的问题
◎ 图标
◎ 学习提示

何时填写：听课时，以及课后复习时

笔记记录栏

◎ 老师上课所讲的内容
记录要求：
使用简洁的语句
使用简单的记号
使用缩写
写成列表
要点和要点之间要留有空白

何时填写：听课时，以及课后复习时

总结概要栏

◎ 对本页笔记的总结
◎ 问题和常见错误

何时填写：课后复习时

原则三：整洁清楚

字写得漂不漂亮不是重点，但起码你要能认出自己所写的内容。也就是说，字要写得清清楚楚，这是基本的要求。如果你在课上来不及写，不妨试着使用一些符号或者思维导图来代替大段的文字，这样可以节省时间。你还可以选择使用有方格的笔记本或者横线上有等距黑点的笔记本，来确保字与字之间有一定的空隙，方便日后阅读和复习。

总结

再强调一下做笔记的三个原则：留白、分段和整洁。

希望你能记住，笔记不是做给别人看的，而是做给自己看的。漂不漂亮不重要，重要的是清晰易懂，方便复习浏览。这些做笔记的好习惯，将使你终身受益。

最后，给你留个小任务。请你检查一下自己的笔记，看看有哪些优缺点。

如何把课堂笔记做得又快又好?

你有没有听过这样一句话:"眼过千遍,不如手写一遍。"科学研究表明,如果不做笔记,一堂课下来,你能记住的内容最多只有五分之一。也就是说,老师在课堂上把课讲得再清楚,如果你不做笔记,过段时间你也会忘记绝大多数内容。但问题是,你手写的速度肯定比不上老师讲话的速度。那么,如何才能把课堂笔记做得又快又好呢?

有人统计过,在正常语速下,一个人大概1分钟能说200个字左右,语速快的人1分钟能说300个字左右。如果

> 正常语速下1分钟能说200～300字。

没有经过特殊的训练，一个人写字的速度一般是1分钟40个字左右。由此可见，就算你再努力，手写的速度也远远比不上老师说话的速度。

> 正常情况下1分钟可以写40个字左右。

看到这儿，你可能会想：既然来不及写，那干脆录下来好了。很可惜，根据心理学家的研究，90%以上的人录完音之后，并不会花时间再去听一遍。更何况，在课堂上录音等课后再听，其实是一件很浪费时间的事。因为这意味着，你课后还要多花一倍的时间再听一遍同样的内容。即便你用两倍的速度快进，还是会花费不少时间。你以为你这样做是在提高效率，但实际上你很有可能搞错了做笔记的目的。

那么，做课堂笔记到底是为了什么呢？

首先，做笔记能够使我们在上课时保持一定的紧张感，把注意力集中在课堂上，保证自己紧跟着老师的讲课思路。也就是说，如果光听不记，你的注意力反而有可能会不知不觉地分散。

其次，做笔记的过程也是一个积极思考的过程。它可以充分调动你的眼、耳、脑、手一起活动，促进你对课堂讲授内容的理解。

最后，做笔记更是为了方便你复习。如果把老师所说的每句话、每个字全数抄下来，日后打开笔记复习时，你反而会搞不清楚到底哪些是重点。做笔记的目的其实就在于，只要你考前再翻一次笔记，就有把握拿到高分。

因此，做课堂笔记时，你必须知道笔记到底该记什么，而不是像文字搬运工一样，一股脑儿地把老师说的话全部搬到自己的笔记上。这只会让你上课时手忙脚乱，下课后一知半解。

那么，怎样才能完成一份有效的课堂笔记呢？

告诉你以下四个诀窍。

诀窍一：预习时做笔记，提前把握课堂重点

上新课前，一定要先预习。预习可以让你预先知道老师上课时可能会说些什么，帮助你在听课的过程中把握重点。预习的时候，你也可以做笔记。把预习时学会的内容及自己不能解决的问题先记在笔记本上，可以帮助你在课堂上有针对性地听讲。

比如，你在预习语文的时候，可以先把自己在阅读课文的过程中发现的难解词句，以及文章的提纲、大意、中心思想等，都记在笔记本上。数学也是如此，你可以在预习时，先把重点的公式、不懂的题目写下来，等上课听到老师讲相关的内容时，再把自己预习时理解不准确的地方，以及老师对于重要例题的解答思路，更正或补记在你预习时记录的内容旁边。

诀窍二：要有选择地记

选择什么内容来记呢？一般来说，有三项内容是非常值得注意并记录的。

第一，老师讲课的重点、难点、知识结构和知识点之间的相互关系。比如：在语文课上，你要重点记的是课文的时代背景、写作特点及一些关键词语；在数学课上，你要重点记的是老师的解题思路和方法技巧，以及各个知识点之间的联系和区别。

第二，老师讲课时对你有启发性的观点，老师反复强调的重要问题，以及在分析问题的过程中，老师在黑板上画的图形、列的表格和写的文字说明等。

第三，在听课的过程中，如果你有没听懂的问题，或者对老师所讲的某个问题产生了不同的解题思路和方法，都可以先记录下来，以便课后把它们弄清楚。

总而言之，做课堂笔记一定要在听懂的前提下有重点地记，千万不要想着"我要做一份完美的笔记"。你甚至可以用自己熟悉的语言去记，只要你自己看得懂就行。

诀窍三：学会运用简化技巧，加快手写速度

什么样的技巧可以帮助你加快写字的速度呢？

第一，将文字简化。对于一些课堂上一再出现的人名、专有名词等，你可以只写第一个字或者简写。比如：你可以把上海简写为沪，把脱氧核糖核酸直接写成DNA；对于数字，你可以使用阿拉伯数字，而不是汉字。

第二，用符号来做笔记。一般来说，符号要比文字写起来更简单。比如：你可以用向上的箭头表示上升或增加，用向下的箭头表示下降或减少，用横向的箭头表示发展方向或流程等；你可以用数字1、2、3来取代"首先""其次""再次"等有关顺序的描述。

甚至，你还可以发明一套符号系统，只要你自己能记得那些符号的含义就行。千万别等到复习的时候，你连自

己写的符号都不认识了，那简写就失去了意义。

诀窍四：课后一定要及时查漏补缺，让你的笔记更完整

我做学生的时候经常提笔忘字，如果你也遇到过类似的问题，我建议你先用拼音标记下来或者干脆留个空，等到课后再将正确的字写上去。你还可以在课后和其他同学互相交换笔记，对比一下你们课上所记的内容。如果发现有出入的地方，可以抓紧时间讨论、确认，然后再将讨论后的内容补充上去。无论你采取哪种方式，一定要趁着课后印象还深刻的时候去查漏补缺，千万别等放学回家再去回想。要知道，人的记忆是会随着时间的推移慢慢消失的。等你放学回到家后，可能很多细节内容都想不起来了。

总结

如何记课堂笔记呢？

首先，课前预习时，你可以做一份预习笔记，帮助你在听课的过程中把握重点。其次，到了上课

时，要有选择地记。再次，你还可以试着用简写或者符号来加快做笔记的速度。最后，遇到一时想不起来怎么写的字，可以先留空或者用拼音代替，课后则要抓紧时间尽快补上。

希望你能明白，做笔记不是写逐字稿，而是为了帮助你更好地思考。

最后，我给你留个小任务：请挑选一门你不太擅长的学科，试着用你学到的技巧来做一次课堂笔记。

上课时抄的笔记回家后看不懂怎么办?

请你拿出一本课堂笔记,任何学科的都可以。接下来,你能不能对着这本课堂笔记,用一两句话说一说某堂课的重点是什么?如果你不能,那么我想告诉你,这样的问题其实很常见。

前一阵子,有一个学生给我留言:"老师,我听你上课的时候,笔记做得非常认真,不仅字写得端端正正,而且你讲的内容我都记下来了,甚至连你讲的冷笑话,我都写在笔记上了。可问题是,没过几天,当我再打开笔记时,我发现我竟然忘了这节课讲的重点到底是什么,更不要说更早以前的课了。当我妈问我之前都学了什么的时候,我竟然一问三不知,甚至当我翻开以前的笔记时,我还是没法回忆起来。"

如果你也遇到过类似的问题，那么，你可能需要提升一下把握课堂重点的能力了。

那么，要怎样做才能让笔记一眼就能看出重点呢？

接下来，我就跟你分享一个做笔记的三步法。

第一步：巧听课，化繁为简抓重点

很多同学在学习的过程中，最棘手的问题就是不会抓重点。有的同学把文章翻来覆去地看了好几遍，还是不知道什么才是作者真正想表达的意思。

其实抓重点的过程，就是一个逐步归纳的过程。打个比方，一篇文章就像一棵参天大树，这棵树上长满了粗粗细细的树枝。你可以把这些树枝看成这篇文章的一个个具体的段落。它们既独立，又彼此关联。而寻找重点的过程，就相当于顺着某一根树枝摸索整棵大树的过程。这也意味着，寻找重点的时候，你必须学会化繁为简，将零零碎碎的枝叶舍弃，先把握最为主要的树干。

拿阅读来举例。有些同学碰到特别长的文章总是很头疼，抓不住中心思想。其实，不管文章多长，通常只要能抓住开头、结尾和重点段落，就可以轻松地把握整篇文章的主旨。对于记叙文，还可以用时间、地点、人物，以及事件的起因、经过、结果六要素，来总结归纳文章的重点。这样，文章再长，你也不会头疼了。其他学科也是一样的道理。

接下来，告诉你三个寻找课堂重点的好方法：

第一，学会寻找关键词和主题句

什么是关键词和主题句呢？通常，课本里用特殊字体显示的词，或者文章开头和结尾的那几句话，就是关键词和可以用来概括整篇文章主旨的主题句。

第二，老师在课上明确强调是"重点"的内容，或者反复说明的内容，都要重点标记

如果你无法在课堂上45分钟全程保持高度的注意力，那么你更要关注重点内容。只要能把老师想告诉你的重点记住并理解，那么课堂上这45分钟，就算你中途稍微开了一会儿小差，也算是有效的45分钟。因此，你在做笔记的时候，一定要把这些重点内容特别标记出来，提醒自己反复阅读，不懂的地方要想办法与老师或者其他同学进行讨论，直到彻底弄懂为止。

第三，把学到的内容用思维导图表现出来

画思维导图的过程，就是梳理课堂重点内容的过程。只有了解重点、掌握主题和分枝之间的关系，你才能完成一份思维导图。当你过后去看用思维导图整理的课堂笔记时，你可以轻松地看出内容与内容之间的关系，从而把握整堂课的重点。

第二步：学会清楚地标记重点

只有学会标记重点，才能让笔记内容变得一目了然。

那么，该如何标记重点呢？下面，我来分享几个学霸都在使用的小技巧。

第一，使用不同颜色的笔来记笔记

比如，你可以用黑色笔来记录黑板上的板书，用蓝色笔来记录老师口头的说明，用红色笔来记录老师强调的重点和难点。这样，你一眼就可以分辨出笔记中哪些是重点，哪些不是重点。

第二，使用荧光笔圈出笔记中最重要的内容

除了荧光笔，你也可以使用波浪线或者一些特殊符号。这样，如果复习的时间不够，或是感觉自己很难记住所有的课堂重点，那么最起码你知道哪些是你非记住不可的。在这里要提醒你，如果你的笔记全部或者大部分地方都用荧光笔圈起来的话，反而表示你并没有找到重点。这时候，你就需要回到第一步，检查自己到底有没有在听课时抓住重点。

另外，一本笔记所用的颜色不要太多，最好不要超过三种。而且，不论你使用哪几种颜色，一定要事先把每种

颜色所代表的意义确定下来。否则，你的笔记就会让你眼花缭乱，反而看不出重点在哪里了。

第三步：学会分析与比较，建立重点与重点之间的联系

如何建立重点与重点之间的联系呢？你不妨试着参考教科书里的大小标题，给每堂课的笔记也起一个标题，写在每堂课的笔记上方。这样，日后复习笔记内容的时候，你就可以通过浏览、阅读这些标题，快速地掌握每堂课的关键内容。更重要的是，当你总结完之后，你还会发现这些标题与标题之间往往是有联系的。

拿数学来举例。别看数学题有那么多，似乎千变万化，但总结归纳之后你会发现，很多题目只不过是同一类题目的变形。当你把同类题归纳到一起之后，再看到类似的题型，你就可以很容易地联想到同类题的解题方法。

历史这门学科也是一样。你可能会觉得历史特别难背，历史事件怎么记都记不过来，但其实每个历史事件都不是

孤立的，它们之间往往有着千丝万缕的联系。所以，你可以试着把相近年代的所有重大事件罗列在同一个笔记页面里，方便以后去分析、比较它们之间的联系。

总结

　　学习的内容不管多复杂，都要学会先抓重点。不论是画思维导图，还是在笔记中使用不同的颜色，最重要的是你要试着开始去做，并且形成一套适合自己的标记重点的规则和方法。

　　最后，我给你留个小任务：请你从杂志或者网络中挑选一篇感兴趣的文章，读完之后，写下这篇文章的重点及读书笔记。

做完笔记该怎么整理复习？

前段时间，我收到一位同学的来信。在信中，她问道："老师，我明明上课时认真做了笔记，也把握了重点，为什么考试之前我再把笔记翻出来看的时候，却越看越头晕呢？"

你有没有遇到过类似的问题？为什么你的笔记没有办法像学霸们的笔记那样，在考试前发挥它应有的作用呢？

要回答这个问题，我们得先弄明白一个误区：很多同学都误以为做了笔记就等同于记住了课堂上的内容，所以上课做完笔记之后，往往会把笔记抛到一边，直到考试之前才拿出来翻看。

结果，笔记上的内容不但不能帮助你回想起上课时老师到底说了什么，甚至还害你要多花一倍的时间去复习、整理。辛辛苦苦记了半天笔记，却没派上用场，一切只能重新来过。

那么，到底该怎么做，才能让笔记真正成为复习备考的最佳助力，让课堂上记录下来的东西真正被自己理解和消化呢？方法很简单，只要你能在做完笔记后，再多花一些时间整理就可以了。

整理笔记，就相当于把对应的功课复习了一遍。这样做的好处是，可以让你把课堂内容掌握得更加精确，让你在复习备考时更加轻松。

有没有什么好方法能帮助自己快速整理笔记呢？

下面，我就传授给你一个锦囊妙计。不过，在打开这个锦囊之前，我们先要做两个准备工作。

准备工作

准备工作一：尽快整理你的笔记

记忆是会随着时间的流逝而消失的。你越拖着不去整理，你对老师课上所讲的内容印象就会越模糊，最后整理起来就越困难。所以，在每节课的课后，你要先花一点儿时间回忆一下上课的内容，或者向别的同学借笔记来看，对自己不完整的笔记进行查漏补缺，趁记忆还深刻的时候，及时把缺漏的内容补上。

准备工作二：学着在笔记上标出重点

不论你是用荧光笔还是波浪线，总而言之，要及时将重点做上特殊记号，方便你之后进行整理。

做完这两个准备工作，你就可以打开我给你的锦囊了。什么锦囊妙计呢？那就是学会使用思维导图来整理笔记。

锦囊妙计：使用思维导图来整理笔记

思维导图是一种非常有效的思维整理工具。它不仅可以帮助你系统地梳理知识，还可以通过将知识分门别类，让你的笔记显得井井有条。思维导图用得好，甚至可以帮助你发散思维，使你变得更有创造力。

思维导图有很多种形式，包括头脑图、树状图、圆圈图、括号图、流程图等。接下来，我来重点介绍一下九宫格、气泡图和树状图这三种形式的思维导图，帮助你在整理笔记时更加高效。

思维导图一：九宫格

顾名思义，九宫格就是由九个格子组成的图。九宫格擅长帮助你进行联想。通过使用九宫格，你可以将一个大主题下面的各个小知识点进行归类整理。而且，每个小知识点还可以继续分类，最终形成一个庞大而完整的知识体系。

比如，你在上历史课的时候，听老师讲到甲午战争。与甲午战争有关的历史知识非常多，老师整整讲了一节课，而你的笔记也记了四五页。这时候，你应该如何使用九宫格来简化并整理这节课的内容呢？

下图是一张关于甲午战争的九宫格：

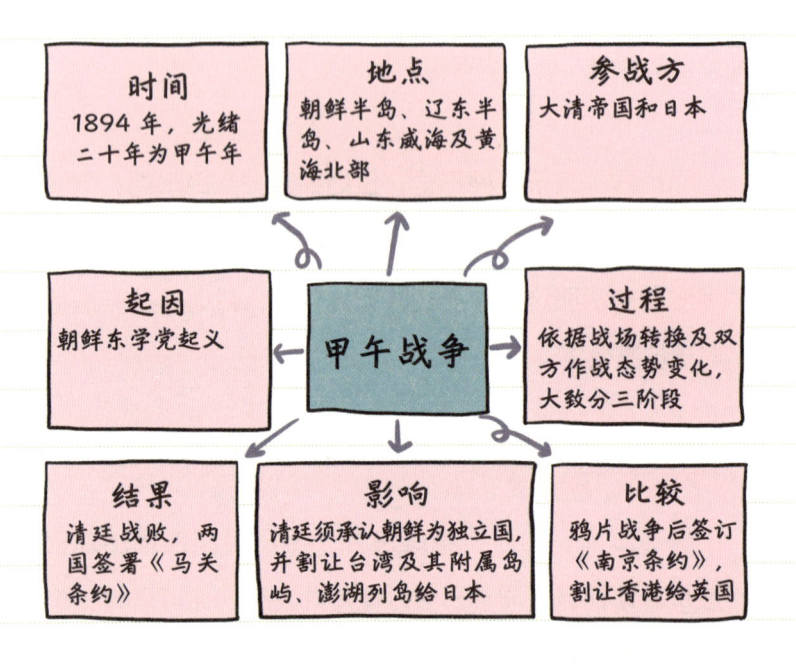

```
┌─────────────────┐  ┌─────────────────┐  ┌─────────────────┐
│ 时间            │  │ 地点            │  │ 参战方          │
│ 1894年，光绪    │  │ 朝鲜半岛、辽东半│  │ 大清帝国和日本  │
│ 二十年为甲午年  │  │ 岛、山东威海及黄│  │                 │
│                 │  │ 海北部          │  │                 │
└─────────────────┘  └─────────────────┘  └─────────────────┘

┌─────────────────┐  ┌─────────────────┐  ┌─────────────────┐
│ 起因            │  │                 │  │ 过程            │
│ 朝鲜东学党起义  │  │   甲午战争      │  │ 依据战场转换及双│
│                 │  │                 │  │ 方作战态势变化，│
│                 │  │                 │  │ 大致分三阶段    │
└─────────────────┘  └─────────────────┘  └─────────────────┘

┌─────────────────┐  ┌─────────────────┐  ┌─────────────────┐
│ 结果            │  │ 影响            │  │ 比较            │
│ 清廷战败，两    │  │ 清廷须承认朝鲜为独立国，│ 鸦片战争后签订 │
│ 国签署《马关    │  │ 并割让台湾及其附属岛│  │《南京条约》， │
│ 条约》          │  │ 屿、澎湖列岛给日本 │  │ 割让香港给英国│
└─────────────────┘  └─────────────────┘  └─────────────────┘
```

首先，你要在最中间的格子里写下要整理的大主题，如"甲午战争"。然后，你就可以在周围的八个格子中，依次填写与甲午战争这个大主题相关的小主题。比如，甲午战争是什么时候发生的，是在哪里发生的，参战的双方是谁，甲午战争是如何发生的，为什么会发生，战争结果是什么等。

每整理完一个与小主题相关的知识，你都可以填写在一个格子中。当然，如果在整理的时候发现相关的小主题有很多，八个格子不够放，那你完全可以根据自己的需求多画一些小格子。

思维导图二：头脑图

什么叫头脑图呢？你可以把它想象成你的大脑，从你的大脑中迸发出的每一个想法就是头脑图的一个分支。也就是说，头脑图通常是从一个核心概念或者核心问题出发，不断往外扩展的。每一个往外扩展的概念或者问题，都可以再作为一个核心，继续往外延伸发展。

那么，头脑图应该如何画呢？比如，你可以先在笔记的中间写上"中国"两个字。写完之后，你可以想一想与中国地理相关的主题，然后将每一个主题单独发散出来。如果你想进一步细分中国的行政区这个主题，就可以把它分成23个省、5个自治区、4个直辖市、2个特别行政区。

中国
23个省
5个自治区
4个直辖市
2个特别行政区

以此类推，一张头脑图就可以把有关中国地理的知识点梳理得清清楚楚。所以，头脑图也特别适合辅助记忆。

思维导图三：树状图

树状图是由一个主题出发，进行单一方向的延展的思维导图。树状图特别适合对笔记进行归纳整理。

我们来看一看某位同学用树状图整理的笔记内容。

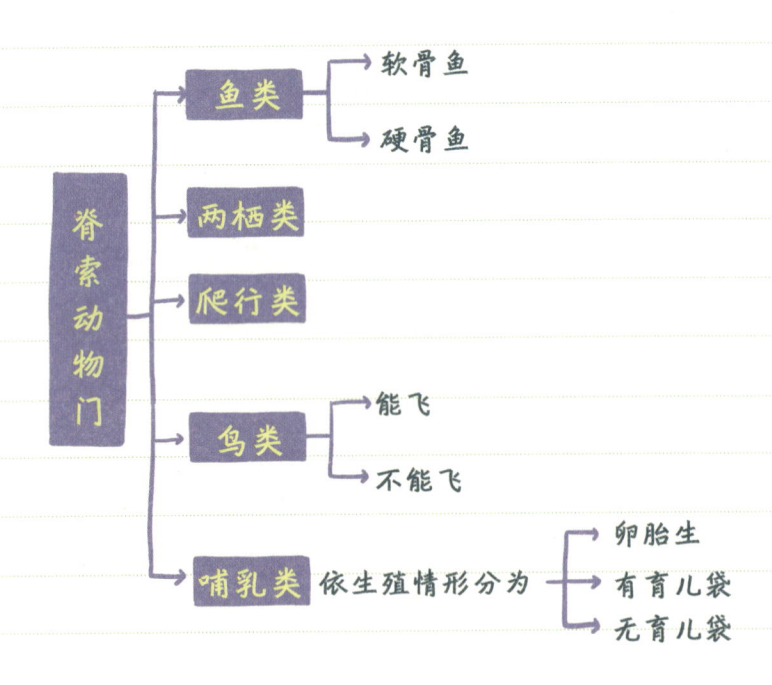

```
                    ┌─→ 软骨鱼
         ┌─→ 鱼类 ─┤
         │          └─→ 硬骨鱼
         │
         ├─→ 两栖类
         │
脊索动物门─┼─→ 爬行类
         │
         │          ┌─→ 能飞
         ├─→ 鸟类 ─┤
         │          └─→ 不能飞
         │                                  ┌─→ 卵胎生
         └─→ 哺乳类 依生殖情形分为 ─┤─→ 有育儿袋
                                            └─→ 无育儿袋
```

这位同学想整理的是有关脊索动物的知识，所以，他将脊索动物门放在第一层，然后将脊索动物进一步分为鱼类、两栖类、爬行类、鸟类、哺乳类。其中，鸟类又可以分为能飞的（如麻雀）和不能飞的（如企鹅和鸵鸟）。

总结

想让笔记成为复习备考的助力工具，做完笔记后一定要尽快整理。整理的时候，不妨使用思维导图。它不仅可以帮助你有效地整理笔记，还可以帮助你加深印象，对日后的复习也很有帮助。

最后，我给你留一个小任务：请你选择任意一门课，挑选一个课程单元，使用上面提到的三种思维导图工具，整理你的笔记。

阅读课外书或者文章时怎么做笔记?

我经常收到一些同学的私信,同学们问我:"老师,为什么每次我刚读完一本书,明明还没过多久,但是当我和朋友讨论的时候,却总是记不清书上的内容呢?""有些知识明明上个月考试的时候我还记得,怎么过了一段时间就全忘光了呢?"

不知道你是否遇到过类似的问题:明明自己花了很多时间去阅读和复习,但每到重要关头,还是经常犯"失忆"的毛病。

对于这个问题,我想告诉你,这可能是因为你太过于相信自己的大脑了。要知道,我们大脑的容量是有限的,而每天你要接收的信息那么多,如果只凭大脑来记忆,时间一长,你很有可能就忘了。如果这时你能找一个好帮手,如做笔记，就好比你在身边留下了一份地图，万一忘了某些内容，还能借由笔记上的各种线索，帮你回忆起它来。

阅读的时候，如果你能将所读到的故事、案例、好词、好句都记下来，形成自己的知识资料库，那么日后，你随时都能调用这个资料库，让你在写作文或者做演讲时更加得心应手。

你可能会问："那么多书，我该怎么读呢？读书时所做的笔记跟我上课时所做的笔记有什么不同呢？"其实，两者最大的不同就在于时间。上课做笔记时，你担心的可能是如何跟上老师讲课的速度，以及来不及抄写，老师就把板书擦掉了。做阅读笔记的确没有这种担心，但是这并不代表做阅读笔记是没有挑战的。虽然你可以慢慢写，但是书那么多，要如何在有限的时间内读完，并且做好一份阅读笔记呢？

接下来，我来讲一讲做阅读笔记的两个方法，帮助你在做好笔记的同时，提高阅读的效率，加深阅读的深度。

方法一：成为一个主动的读者

所谓"成为一个主动的读者"，意思就是在阅读的时候，不要只是一个字一个字地往下读，而要带着问题去阅读。这样，不仅能够更快地抓住书中的关键，还可以帮助你更好地消化和吸收阅读过的内容。

那么，应该带着什么问题去阅读呢？有两个问题必不可少。第一，作者主要想告诉我什么？第二，作者在每个章节中到底说了什么？

只要搞清楚这两个问题，你就掌握了整本书的主题和作者的真实想法。比如，现在你要向一个外国人介绍《西游记》这本书，你会如何介绍呢？虽然故事很长，书也很厚，但如果从刚才提到的那两个问题入手，你会发现这件事很简单。《西游记》这本书讲的是什么呢？用一句话概括，就是唐僧师徒四人去西天取经的故事。每个章节，作者说了什么呢？大致来说，每个章节讲的都是他们在取经路上遇到的一个障碍，以及他们是如何克服这些障碍的。你这样一说，对方就明白了。

方法二：SQ3R 阅读法

什么是SQ3R阅读法呢？这实际上是五个英文单词的首字母缩写。这五个英文单词分别是观察（Survey）、提问（Question）、阅读（Read）、回想（Recall），以及复习（Review）。把这五个单词的首字母连在一起就是——SQ3R。这个方法最初是由美国学者罗宾森提出来的。这五个单词代表高效阅读的五个步骤，接下来，我来详细分析一下这五个步骤。

Survey　Question
↘　↙
S Q 3R
↙　↓　↘
Read　Recall　Review

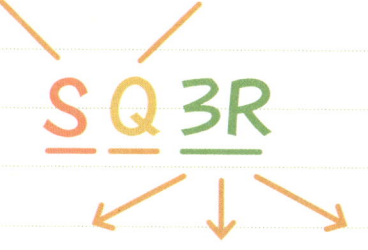

步骤一：观察（Survey）

所谓观察，指的是在读书前要先快速浏览一下整本书的内容结构，包括书名、目录、序言和每一章的介绍，帮助自己了解这本书大致会讲些什么内容。尤其要重视每本书前面的序言。基本上每本书正文的前面，作者都会放一篇或者几篇序言。序言里通常都会提到作者为什么要写这本书，以及这本书主要讲的是什么内容等。序言就好比一张地图，它可以引导你在阅读前先掌握整本书的结构，让你不至于在阅读的过程中迷路。

步骤二：提问（Question）

这一步要求你主动去阅读，带着问题去读。在读的过程中，你可以随时停下来，问问自己："这本书的重点是什么？哪些内容是我之前了解过的？哪些内容是我还不了解的？"

步骤三：阅读（Read）

这一步要求你在读到重点内容时，要用便笺纸做上记号，方便下次查阅。如果你碰到一些比较难懂的内容，还可以先在笔记上记录下来。等读完之后，专门就难懂的部分查阅更多的相关资料，直到彻底弄懂为止。

步骤四：回想（Recall）

回想的意思是，当你读完一本书之后，先不要急着把书收起来,而要先试着回想一下读过的内容,整理一下书中提到的关键内容。同时,要试着想想这本书里提到的内容和你读到的其他书有没有关联。

步骤五:复习(Review)

读过的书,你可以通过重读、整理和扩充笔记等方式,达到巩固的效果。我特别推荐你去跟别人分享读书心得。学习不仅需要输入,更需要输出。当你跟别人分享读书心得时,你才会发现,讲清楚自己读过的书并不是一件容易的事情。这也是一种非常有效的读书复习方法。

看到这儿,你可能会问:"如果我的时间不够,需要在很短的时间内,从好几本书里找出自己想要的东西,我应该怎么办呢?"

这时候,你依然可以用SQ3R阅读法,只不过需要在后面的3个R阶段略微做一些调整。也就是说,你在阅读的时候,可以先不用做笔记或者摘抄,而是先把书上你认为需要的,或者符合要求的相关信息和资料圈出来,做好标记。然后,在复习的时候,只着重关注你做标记的地方,整理相关的知识要点。

总结

在阅读时，做好笔记是一件很重要的事情。做阅读笔记，可以帮助你更好地理解和吸收所阅读的图书。希望你下次再翻开一本书的时候，能够做一个主动的读者，也可以试着使用SQ3R阅读法。其实，SQ3R阅读法可以用在很多地方，比如看杂志、报纸，甚至网络上的文章时，你都可以使用这个方法。你还可以将阅读过的内容整理成笔记，充实你的个人资料库。

当你收集的资料越来越多，笔记内容也越来越多时，你就需要进行更进一步的整理工作——为每一份笔记加上分类标签，比如科学类、历史类、语言类等，方便日后查找。

最后，给你留一个小任务：请你选择一个感兴趣的主题，然后阅读一本相关主题的书，再运用SQ3R阅读法做一份读书笔记。

小组讨论时怎么做笔记?

除了在上课、读书、复习中发挥作用,还有一种场合也离不开笔记,那就是小组讨论。

为什么小组讨论时也需要做笔记呢?

请你先回想一下,在参加小组讨论的时候,是不是曾经出现过这种情况:大家讨论得很激烈,每个人都各抒己见,但是讨论结束后,当想把大家讨论的结果汇总、梳理一下时,你却发现什么都想不起来了。这时候,笔记就能派上大用场了。小组讨论时,如果你能把发生过的事情和大家讨论的要点记录下来,不仅可以帮助自己事后整理,也可以让没参加讨论的同学从你的记录中了解大家讨论了什么,以及有什么样的想法和建议。

那么，该怎么做讨论笔记呢？

上课时，做笔记起码还有教科书作为参考，但小组讨论的时候，即便事先定下一个主题，每个人具体会说些什么，通常也是没法事先预料到的。如果不能事先知道参加讨论的人会说些什么，笔记该怎么做呢？

接下来，我来介绍一下如何才能做好一份讨论笔记。

做讨论笔记有一个重要的原则，那就是不要写逐字稿。

小组讨论时做笔记，你要记录的不是参加讨论的人说的每一个字，而是每个人讲话的重点，包括发言顺序，提出的观点、理由和建议等。这就要求做笔记时，你一定要专心致志地听每个人都说了什么，并且提炼出重点和讨论的结果。当然，如果你实在写不过来，可以借助一些录音设备，等到讨论结束后，再借助录音整理讨论笔记。

这里需要注意的是，和做课堂笔记不同，作为一个记录者，你只需要把讨论时发生了什么事忠实地记录下来即可，不能随意加上个人观点，因为每个人看待事情的观点都不一样。做讨论笔记的目的，是为了让自己和别人了解讨论进展到了什么程度，解决了哪些问题，还有哪些问题没有达成一致等。

接下来，我们分阶段地讲解一下如何做讨论笔记。

阶段一：在讨论前，一定要做好准备，让你的记录更顺畅

所谓准备，指的就是你作为讨论的记录者，一定要事先对讨论的主题有一个大致的了解。比如，你可以先去查找一些相关的资料。

举个例子，假如你想和你的小伙伴讨论如何用思维导图做笔记，你就可以在讨论前先大概了解一下什么是思维导图，思维导图有多少种，它们分别可以怎么用等。这些准备可以帮助你在做笔记时事半功倍。

阶段二：对讨论的内容，要力求记录翔实、完整

怎样才能做到这一点呢？正式开始记录前，你可以先准备一张记录表，在记录表的最上面写上讨论的时间、地点、参与讨论的小组成员，以及讨论的主题等。这张表可以简化你的记录流程，方便之后再次回忆追溯。

我曾经让学生们按照分好的小组去讨论：你们理想中的书店应该是什么样的？你们小组想打造一个什么样的未来书店？

有一个小组的组长在讨论时就拿出了自己的笔记本，

然后把每个成员的想法都写了下来。这个小组也因为每次讨论时都做好了笔记，所以后面进入具体搭建书店模型的环节时，他们基本上没有出现过摩擦和矛盾。大家按部就班地完成了书店的设计，并且不出意料地捧回了奖杯。

这里，我要再次提醒你，如果你是负责记录或者组织大家讨论的人，你一定要尊重每一位小组成员发言的权利。即便你不同意某个人的观点，也要如实写下他说过的话。

阶段三：讨论后要整理笔记

小组讨论结束后，无论老师有没有要求你将笔记上交，你都要做好整理工作，把最后讨论的结果写下来，让自己或者别人在阅读你的笔记时，能够一目了然地知道小组每位成员的想法，以及最后达成的共识。

如果小组讨论最后没有达成一致，或者还有一些问题没来得及讨论，那也没关系，你还是要把这些情况和结果如实记录下来，方便事后查看，也方便组织下一次讨论。

总结

　　小组讨论时，做笔记是一项必不可少的工作。讨论笔记既可以帮助你理清思路，也方便日后查看。做讨论笔记要像做课堂笔记一样，不需要将每个人说过的每个字、每句话都写下来，而是要学会提炼重点。为了做到这一点，你可以在讨论开始前先查找相关的资料，对讨论的主题有一个大致的了解。

　　在讨论过程中，你需要记录有关讨论的人、事、时、地、物等必要的内容。讨论结束后，你也要记得整理讨论的结果及大家达成的共识。